Tricia Lott Williford

Ein Buch wie kein anderes

Über die Autorin

Tricia Lott Williford ist eine *New York Times*-Bestsellerautorin. Sie liebt es zu schreiben, zu lehren, zu lesen und zu grübeln. Mit einer bestechenden Ehrlichkeit und viel Humor lässt sie ihre Leserinnen und Zuhörer auch an den schlimmen Seiten ihrer eigenen Geschichte teilhaben – und an dem, was Gott daraus gemacht hat.

Sie lebt mit ihrem zweiten Ehemann (sie war verwitwet) und zwei Söhnen in Denver.

Tricia Lott Williford

EIN BUCH WIE KEIN ANDERES

Die Bibel als Wegbegleiter und Kraftquelle im Alltag entdecken

Aus dem Englischen von Renate Hübsch

GerthMedien

Inhalt

Für all diejenigen, die die Bibel eigentlich
gern lieben würden,
aber das Gefühl haben,
sie sei für jemand anderen geschrieben worden.
Und in Dankbarkeit für all jene,
die die Bibel für mich zum Leben erweckt
und mir geholfen haben,
mich in Gottes Worte zu verlieben;
und für meine jungen Männer – Tucker und Tyler.
Ich wünsche euch, dass ihr bei Gott und den Menschen
an Weisheit, Statur und Ansehen gewinnt.
Ich wünsche euch, dass ihr die Weisheit besitzt,
Richtig und Falsch zu unterscheiden,
und den Mut habt, entsprechend zu handeln,
auch wenn es schwierig ist.[1]

Einführung

Dieses Buch ist für dich gedacht

Hi, mein Name ist Tricia, und ich war nicht immer ein Fan der Bibel.

Ich meine, ich *wollte* es gern sein. Ich hatte das Gefühl, dass ich als Christin dieses Buch lieben sollte. Aber ich habe viele Jahre meines Lebens mit dem Gefühl verbracht, etwas zu lesen, das für jemand anderen bestimmt ist.

Mir ist klar, dass das jetzt so klingt, als würde ich mich in einer Zwölf-Schritte-Gruppe vorstellen. Aber ich bin mir zunehmend bewusst, dass ich ein düsteres Geheimnis mit mir herumtrage, und ich vermute, dass ich damit nicht allein bin: Viele von uns werden in ihrem tiefsten Inneren den Eindruck nicht los, dass die Bibel manchmal etwas langweilig ist. Es kommt uns so vor, als hätte sie nichts mit unserem modernen Alltag zu tun, als sei sie stellenweise fragwürdig und uninteressant und für jemanden bestimmt, der ein viel heiligeres oder frommeres Leben führt als wir. Und solche verborgenen Zweifel vermitteln uns das Gefühl, dass wir eigentlich eine Selbsthilfegruppe gründen sollten – die Anonymen Bibelverächter –, die ihre Mitglieder mit Annahme und starkem Kaffee versorgt.

Na, dann will ich mal meine Kaffeetasse heben. Prost!

Vielleicht war das jetzt nicht gerade der Einstieg, den du in einem Buch über die Bibel erwartet hättest. Vielleicht denkst du, dass ein Buch wie dieses mit Geschichten über Missionseinsätze und aufopferungsvolles Geben und österliches Fasten beginnen sollte. Aber ich habe entdeckt, dass die Liebe zur Bibel und das Leben nach der Bibel in meinem Alltag ein wenig anders aussieht, als man das vielleicht erwarten würde. Oder auch *sehr* viel anders.

Ich bin weder Studentin noch Akademikerin oder Theologin; ich bin keine Bibellehrerin und auch keine Bibelwissenschaftlerin. Ich liebe chaotische Menschen und bin die zerzaust aussehende Mutter von zwei pubertierenden Jungs, die oft zu spät zur Schule kommen und Socken anhaben, die nicht zueinander passen. In den Ferien mache ich keine Missionseinsätze; ich bin berühmt-berüchtigt dafür, dass ich geistesabwesend auf dem Rand längst überfälliger Bibliotheksbücher herumkritzle; ich habe mit massiven Depressionen und Angstzuständen gekämpft, die mich fast umgebracht hätten; ich habe Gott um Wunder angefleht, die nur er bewirken kann. Und irgendwo in meinem „realen Leben" habe ich mich hoffnungslos in die Bibel verliebt – sie gibt mir heute Licht für jeden Schritt und die Luft für meinen nächsten Atemzug.

Wenn du also gehofft hast, dass ein Buch zu diesem Thema mit einem gründlichen Eintauchen in den *Pentateuch* beginnen würde (oder wenn du eigentlich nach einem Buch suchst, das mit dem Wort *Pentateuch* nur so gespickt ist), dann verzeih mir bitte. Und bitte (wirklich: *bitte*) schreib auf Amazon keine Rezension darüber, dass du dieses Buch in den Papierkorb gepfeffert hast, weil meine Schreibstimme eher wie die einer Freundin klingt und nicht wie die eines Bibelprofessors.

(Das mit dem Papierkorb ist tatsächlich passiert. An diesem bedauerlichen Tag wünschte ich mir eigentlich nur zwei Dinge: dass meine pubertierenden Söhne endlich damit aufhören würden, am Esstisch die negativen Amazon-Rezensionen vorzulesen, und dass ich nicht die Art von Autorin wäre, die von ihren Leserinnen gemocht werden will.)

Aber es ist nun einmal so: *Ich bin eher eine Freundin als eine Bibelprofessorin.*

Ich werde in diesem Buch nicht wie eine Expertin für Bibelexegese klingen. Ich meine, ich könnte es wahrscheinlich, wenn ich mich wirklich sehr anstrengen würde. (Wirklich *sehr, sehr* anstrengen.)

Aber ich habe das Gefühl, dass es genug solcher Bücher gibt, mit all diesen Anhängen und Fußnoten und dem Kleingedruckten. Ich habe schließlich viele davon gelesen. Ich habe Prüfungen darüber abgelegt. Ich habe großen Respekt davor und ich mag sie sogar. (Na ja, ein paar davon.)

Dennoch will ich nicht ein solches Buch schreiben. Denn ehrlich gesagt glaube ich, dass einige von uns anders an das Thema herangehen wollen und müssen, wenn es darum geht, Gottes Worte, die genau da in unser Leben hineinsprechen, wo wir gerade sind, genauer unter die Lupe zu nehmen. Wir brauchen nicht noch mehr Informationen. Wir brauchen Gemeinschaft. Wir brauchen Inspiration. Wir brauchen Hoffnung.

Vielleicht hast du noch nicht oft in der Bibel gelesen und bist noch nicht lange Christ.* Oder vielleicht liest du die Bibel, ohne Mitglied in einer Gemeinde zu sein, weil du dich

* Wenn du zu dieser Kategorie gehörst, lies „15 Dinge, die du wissen solltest, wenn du dich auf die Bibel einlassen willst" auf Seite 205. Dort erkläre ich leicht verständlich, wie man mit diesen Büchern und Verweisen klarkommt.

nirgendwo richtig zu Hause fühlst, dort verletzt wurdest oder einfach etwas vermisst hast. Wenn es dir so geht, dann habe ich eine gute Nachricht: Jesus ist – *und war* – ein allwissender, geduldiger, barmherziger, Fragen stellender, Frieden stiftender, demütiger Revolutionär. (Er war allerdings nicht um jeden Preis friedlich, denn manchmal muss man auch bereit sein, sich auf dem Weg zum Frieden ein bisschen Ärger[1] einzuhandeln.)

Jetzt kommt der Teil, in dem ich die Kaffeetasse abstelle, mit der ich dir gerade zugeprostet habe. Der Moment, in dem ich mich wie eine vertraute Freundin zu dir vorbeuge und dir etwas sage, das du unbedingt wissen solltest: *Diese Sache ist groß genug für uns alle, ganz gleich, woher wir kommen oder was wir durchgemacht haben oder wie wir gestrickt sind.* Und dieses Buch mit Gottes Worten vermittelt uns allen die Botschaft, dass er jedem und jeder von uns ganz nah ist.[2]

Vielleicht gehörst du aber auch zu der Gruppe, die ich gern als „Wiederholungstäter" bezeichne. Du bist schon ein Weilchen mit Jesus unterwegs und kennst die Bibel-Basics – du findest dich im Inhaltsverzeichnis zurecht und weißt, wo du die Psalmen und die Geschichten über Jesus in den Evangelien findest. Du hast mehr Predigten gehört, als du zählen kannst, und du hast das Gefühl, du weißt, was in der Bibel steht – aber wenn es um Gottes Wort geht, vermisst du ehrlich gesagt das „Feuer", das du bei anderen feststellen kannst. Oder vielleicht bist du auf der Suche nach Ideen, wie du das alte Feuer wieder entfachen kannst. Wenn es dir so geht, will ich dir helfen, dich an das zu erinnern, was du einmal so sehr geliebt hast, und dich dabei unterstützen, ein neues Verständnis der Bibel zu gewinnen. Ich will dir helfen, mehr kennenzulernen als nur den Inhalt der Bibel – ich will dir helfen, *dem Gott der Bibel* neu zu begegnen.

Vielleicht gehörst du aber insgeheim auch zur Kategorie „Ich würde ja gern". Du hast das Gefühl, verschweigen zu müssen, dass du mit der Bibel noch nie wirklich etwas anfangen konntest.

Du *wolltest* es ja.

Du hattest die besten *Absichten* und hast auch wirklich angefangen, darin zu lesen.

Und du wünschst dir so sehr, dass du es regelmäßig tun würdest.

Aber du kannst es einfach nicht.

Vielleicht liest du ja überhaupt nicht gern. Oder du bist eine echte Leseratte und liebst Bücher – aber eben nicht *dieses* Buch. Vielleicht bist du Jesus ja schon vor langer Zeit begegnet, aber du hast damals nie die Bibel in die Hand genommen, und jetzt scheint es zu spät zu sein, an der Party teilzunehmen, die anderen Mitgliedern des christlichen Klubs so viel Spaß zu machen scheint. Vielleicht hast du das Gefühl, dass alle anderen wissen, was du eigentlich schon viel früher hättest kapieren müssen. *Du brauchst dich nicht zu schämen oder schuldig zu fühlen, wenn du lernst, was du lernen willst, ganz gleich, in welcher Lebensphase dieses neue Wissen dir begegnet.* Lass uns gemeinsam in diese Seiten eintauchen, und ich verspreche dir, dass du dort Freude, Liebe und Leben in Fülle finden wirst.

Oder vielleicht zweifelst du insgeheim auch daran, dass diese Einladung, Gott kennenzulernen, dir gilt, weil du nicht oft eingeladen wirst oder das Gefühl hast, nicht dazuzugehören.

Weil dir andere direkt oder durch die Blume zu verstehen gegeben haben, dass du zu anders bist und ihre Gruppe zu exklusiv oder – Gott, vergib uns –, sie haben über dich geurteilt und dich abgelehnt. Aber egal, wie deine Beziehung zu Gott und den Worten, die er inspiriert hat, bisher ausgesehen hat: Ich möchte, dass du Folgendes weißt:

(Und ich möchte, dass du dir jetzt vorstellst, dass ich dich eindringlich anblicke, um sicher zu sein, dass du mir wirklich und wahrhaftig zuhörst und mich verstehst.)

Du hältst dieses Buch in deinen Händen. Das bedeutet, ich lade dich ein. Aber was noch viel wichtiger ist: Gott lädt dich ein. Er hat dich erwählt. Nicht, weil dieses konkrete Buch irgendwie ein göttliches Werkzeug wäre, sondern weil Gott alles gebrauchen kann – von göttlich inspirierten Worten bis hin zu meinem Geschwafel –, um deine Aufmerksamkeit zu gewinnen. Und wenn diese ersten Seiten irgendwie dein Herz berührt haben und wenn du auch nur im Entferntesten daran interessiert bist, dich in die Bibel zu verlieben, dann wage ich zu behaupten: Jetzt hat Gott deine Aufmerksamkeit!

Er hat dich auserwählt.

Er erwählt dich gerade jetzt, in diesem Augenblick deines Lebens, egal, wie es aussieht.

Sein Buch ist *für dich gedacht*.

Eingeladen zu werden ist etwas Schönes.

Eingeladen zu werden – das ist das Gegenteil von Ausgrenzung. Wenn dich jemand einlädt, bedeutet das, dass er oder sie dich nicht wegstößt oder übergeht. Wenn du eingeladen bist, streckt jemand seine Hand aus, deutet auf dich – *ja, auf dich* – und sagt: *Dieser Tag, dieser Tisch, diese Geschichte, dieses Erlebnis werden nicht dasselbe sein, wenn du nicht mit dabei bist.*

Eine meiner Freundinnen lädt bewusst jedes Mal mehr Gäste ein, als sie glaubt, dass kommen werden, vielleicht sogar mehr, als sie überhaupt beherbergen kann. Als wir uns kennenlernten, war ich frisch verwitwet, neu in einer Gemeinde, und der Verlust hatte alle meine Traditionen und Pläne und auch mein Gefühl von Halt und Zugehörigkeit über den Haufen geworfen. Kim plante eine Osterparty mit Ostereiern und einer Ostereiersuche. Sie rief an und meinte: „Ich weiß nicht, ob du schon was vorhast, aber ich wollte dich einladen. Denn es ist doch einfach schön, eingeladen zu werden, nicht wahr?"

Ich habe ihre Worte nie vergessen und wie schön dieser Satz war, so simpel, aber so wahr.

Das Gegenteil von Einladung erleben wir nämlich viel häufiger – es ist das Gefühl, das sich schon am ersten Tag in der Mittelstufe bei mir festgesetzt hat. Ich nenne es gern das Cafeteria-Syndrom – die Erinnerung daran, in der Schulkantine zu stehen, mein Tablett in der Hand zu halten und nicht zu wissen, wohin ich mich setzen soll. Ich habe diese lähmende Angst immer gehasst, ausgeschlossen zu werden, nicht zu wissen, wo ich hingehöre, und mir zu wünschen, dass jemand mir sagt, was ich jetzt tun soll. Insgeheim liebte ich es, irgendwo zu sein, wo die Sitzplätze zugewiesen werden – selbst wenn mir nicht gefiel, wo ich landete, wusste ich wenigstens, wo ich hingehen musste.

Ich glaube, die meisten von uns kennen dieses vertraute Gefühl, das unter der Oberfläche schlummert – dieses alte Bedürfnis, eingeladen zu werden. Von irgendjemandem, fast egal, von wem. Wir würden gern am Tisch der coolen Kids sitzen, eine Einladung zu einer Premiere erhalten, lesen, dass unser Name auf einer besonderen Liste steht. Wir würden gern in einen Buchklub eingeladen werden oder gern mitgehen, wenn Kolleginnen sich abends treffen, oder an den wichtigen geschäftlichen Gesprächen teilnehmen. Wir wollen es ins Team schaffen, einen Brief mit dem Zulassungsbescheid bekommen, im Partnerlook mit guten Freundinnen herumlaufen. In jedem von uns steckt das tiefe Bedürfnis, dazuzugehören, gewollt zu sein, von anderen gekannt zu werden.

Aber andererseits wollen wir auch nicht blindlings folgen, nur weil uns jemand dazu aufgefordert hat. Zugehörigkeit ist uns auch nicht so wichtig, dass wir bereit sind, unsere eigene Vorstellung von Sinn und Sein für eine „Klubmitgliedschaft" aufzugeben.

Irgendwo habe ich mal den Satz gelesen: „Religion ist was für Menschen, die Angst davor haben, in die Hölle zu kommen, und Spiritualität was für Menschen, die schon dort gewesen sind."[3] Für viele von uns ist die Vorstellung von einer Liste von Regeln und Vorschriften und eine „Entweder gehörst du zu uns oder wir wollen nichts mit dir zu tun haben"-Mentalität unsere ganz eigene erdrückende Hölle. Darauf haben wir keine Lust.

Wenn es um geistliche Dinge geht, wollen so viele von uns – vor allem die Generation X, die Millennials und die Generation Z – wissen, dass sich jemand für uns interessiert, dass wir so, wie wir sind, geliebt werden und dass wir akzeptiert werden, egal, wo wir stehen. Aber wir haben auch einen stärkeren Hunger nach dem *Warum* als nach dem *Was*. Wir sehnen uns zutiefst nach Sinnhaftigkeit und Bedeutung. Wir wollen Beziehungen, keine Regeln. Wir wollen Authentizität, keine

Traditionen. Wir wollen Gemeinschaft, keine Klubs. Schließlich hegen wir, wenn es um die Religion geht, ein tiefes Misstrauen gegenüber vorschnellen Antworten und durchstrukturierten Ansätzen, und das ist der Grund, warum einige von uns von Christen oder dem Christentum vielleicht nicht besonders fasziniert sind.

Und so lassen wir die Bibel im Regal stehen oder öffnen nie die App auf unserem Smartphone, weil wir denken, dass sie nur ein Buch mit Formeln und fremdartigen Begriffen für Leute ist, die wissen, wie man diese Geheimsprache entschlüsselt. Wenn wir etwas lesen, dann wollen wir sicher sein, dass es für uns geschrieben wurde. Und wenn wir die Bibel lesen, dann wollen wir wissen, dass Gott und sein Wort alltagsrelevant, anwendbar und persönlich sind. Wir wollen wissen, ob das alles etwas mit uns und unserem alltäglichen Leben zu tun hat.

Während seines öffentlichen Wirkens unterhielt sich Jesus oft mit Menschen. Er aß mit ihnen zu Abend. Er nahm an Hochzeiten teil. Er erzählte Geschichten, mit denen sie etwas anfangen konnten. Er hörte den Frauen zu, die bis dahin ignoriert worden waren. Er nahm die Kinder in den Arm, die ansonsten wenig galten. Wenn Jesus zu den Menschen sprach, holte er sie genau dort ab, wo sie waren. Seine Einladungen weckten bei den Menschen, die seine Worte zum ersten Mal hörten, eine solche Neugier, dass Fischer ihre Netze hängen ließen, Söhne ihre Elternhäuser und Wohnorte verließen und die Menschen diesem Mann folgten – sie wollten wissen, was er zu sagen hatte. Andere blieben zwar genau dort, wo sie waren, in ihren Jobs und ihrem Umfeld, aber jetzt hatte ihr Leben einen neuen Sinn, ein neues Ziel. Sie fühlten sich zu ihm und zu allem hingezogen, was er sagte und tat. Weil er sie *sah* und über Dinge sprach, die für sie wirklich wichtig waren. Weil er sie liebte.

Jesus war der greifbare Gott und die Bibel ist das greifbare Wort Gottes. Und genau wie Jesus ist auch die Bibel gewissermaßen die Liebe in Person. Ihre Seiten sind quasi lebendig und laden uns zu einem Gespräch ein.

Ganz gleich, was wir von Christen und der Kirche halten, bei der der eine oder andere von uns oft das Gefühl hat, dass es dort keinen Platz für ihn gibt: Dieses Buch voller Gottesworte ist eine Einladung an uns – eine Einladung, zuzuhören, auszuprobieren, mitzukommen und mitzuerleben. Die persönlichsten und konkretesten Einladungen von Jesus finden sich im zweiten Teil der Bibel. Aber auch das manchmal schwer verständliche Alte Testament erzählt die Geschichte einer großartigen Einladung – die Geschichte davon, wie Gott sein Volk zu einer Beziehung einlädt und sich immer wieder auf sie zubewegt, selbst wenn sie vom Weg abgekommen sind. Die Bibel beginnt also mit der Geschichte einer Einladung und dann kommen wir zu Jesus und entdecken die tollste Wahrheit: *Auch wir sind eingeladen.*

Die Bibel ist einerseits eine literarische Sammlung von Büchern und Briefen, aber andererseits auch ein lebendiger, organischer Text, auf dem wir ein Echo der zeitlosen und ewigen Stimme Gottes vernehmen können. Die Bibel – das sind Worte auf einer Buchseite, aber auch eine Methode, wie wir Gott begegnen. Was wäre, wenn du entdecken könntest, dass die Bibel lebendig ist, wirklich etwas mit deinem Leben zu tun hat und *zu dir spricht*?

Ich saß in meiner Bibelstudiengruppe, als mir auffiel, dass die Frau zwei Stühle neben mir sich verstohlen die Augen abtupfte und das hinter dem Vorhang ihrer langen blonden Haare verbarg. Wir nahmen schon seit Wochen gemeinsam an dieser Gruppe teil, hatten uns aber noch nicht unterhalten, sodass ich nur ihren Namen kannte. Ich kannte weder ihre Geschichte noch wusste ich, warum sie gerade Tränen vergoss. Ich schlug ihr flüsternd vor, über das zu sprechen, was sie bedrückte, und sie trat mit mir auf den Flur hinaus. Mittlerweile strömten Tränen über ihre Wangen. Sie war zutiefst traurig über ihre Familie, ihre Kinder, die sich von der Gemeinde, von ihrem Elternhaus und von ihrer Mutterliebe entfernt hatten.

Ich konnte ihren Schmerz nachvollziehen. Als Mutter von zwei Kindern und als jemand, der Jesus liebt, wünsche ich mir nichts sehnlicher, als dass auch meine Kinder sich gekannt, geliebt und geborgen fühlen – und dass sie vor allem Jesus Christus kennen.

Aber weil ich zur Generation Y gehöre (also nach 1980 geboren wurde), verstand ich auch ihre Kinder. Sie hatten nicht unbedingt Lust, am Sonntagmorgen mit Mama in der Kirche zu sitzen. Die jungen Berufstätigen und Erwachsenen, die heutzutage nach ihrem Platz in dieser Welt suchen, wollen gesehen und dafür bekannt sein, wer sie sind, wo sie sind und was sie mitbringen – und nicht dafür, dass sie sich abgestrampelt und brav die Regeln befolgt haben, die vorangegangene Generationen aufgestellt haben. Und wenn wir ehrlich sind, geht es bei vielem von dem, was in der Kirche an der Tagesordnung ist, darum, sich abzustrampeln und irgendwelche Regeln zu befolgen.

Kirche ist heute anders. Sie sollte nicht mehr nur am Sonntagmorgen innerhalb der vier Wände eines bestimmten Gebäudes stattfinden. Und auch die Beschäftigung mit der Bibel kann anders aussehen und sich anders anfühlen. Dass die Kinder dieser sorgenvollen Mutter den christlichen Glauben nicht auf die traditionelle Art und Weise kennenlernten, wie sie selbst es getan hatte, bedeutete nicht, dass sie den christlichen Glauben gar nicht kennenlernten. Und eines weiß ich ganz sicher: Der Gott, der sie erschaffen hat, geht ihnen trotzdem mit seiner Liebe nach. Dafür braucht er kein Gebäude.

Ich versicherte meiner neuen Freundin, dass Gott größer ist als die Vorstellungen unserer Kinder und dass er außerhalb der Mauern existiert, in denen sie selbst ihren Sonntagvormittag verbringt. Ich erinnerte sie daran, dass es unsere Aufgabe ist, unsere Kinder zu lieben und ihnen die wichtigsten Dinge des Lebens zu vermitteln – aber es ist nicht unsere Aufgabe, sie zu verändern. Nur sie selbst sind für ihre Entscheidungen verantwortlich. Und ich erinnerte sie daran, dass Gott größer ist als alles, was wir uns vorstellen können, dass seine „Stimme" auf eine Art lebendig ist, die wir uns nicht vorstellen können, und dass er in der Lage ist, ihre Kinder auf eine Weise zu erreichen, die seinem Willen und seinen Absichten für sie entspricht ... und das vielleicht nicht unbedingt innerhalb von Kirchenmauern oder in einer traditionellen Bibelstunde.

Sie sah mich an. Wimperntusche lief ihr über die Wange. Und sie sagte: „Du liebst ihn wirklich, nicht wahr? Du liebst Gott wirklich. So richtig."

Ich war überrascht und mir kamen ebenfalls die Tränen. „Ja", sagte ich. „Ja das tue ich. Das tue ich wirklich."

Und ich bin ihm immer wieder begegnet – auf den Seiten seines Buches.

Wir sind eingeladen – wir alle – in diese große und wunderbare Geschichte von Gott.

Die Geschichte wird nicht dieselbe sein, wenn wir nicht dazugehören.

Und jetzt lädt er dich ein. Er lädt dich ein mitzukommen. Lass dich von ihm unterweisen.

Du bist eingeladen.

Dieses Buch ist für dich.

Verliebe dich in dieses Buch – in diesen Jesus –, das dir in deinem ganz alltäglichen Leben begegnet.

Kapitel 1

Lass uns ganz am Anfang beginnen

Die eigene Position klären

Als Kind habe ich viele Methoden entwickelt, um das allabendliche Zeitfenster zwischen „Schlafenszeit“ und „tatsächlich müde“ zu füllen.

Ich lernte die Titelmusik von *Chefarzt Dr. Westphall* auswendig, einer Ärzteserie aus den Achtzigerjahren, die meine Eltern liebten und deren Ausstrahlung zufällig mit meiner Zubettgehzeit zusammenfiel. Die Tatsache, dass ich mich noch heute an die Titelmelodie erinnern kann, bedeutet wahrscheinlich, dass sie wegen mir die ersten paar Minuten ihres allwöchentlichen Dates mit der besten Serie des US-Senders NBC verpassten. (Wie Eltern vor der Erfindung des Videorekorders die Gute-Nacht-Routine ruhig hinter sich bringen konnten, wenn sie sich eigentlich schon ihre Lieblingsserie oder ein Fußballspiel anschauen wollten, ist mir ein Rätsel.)

Manchmal zählte ich (zum wiederholten Male) die Sternenkonstellationen der im Dunkeln leuchtenden Aufkleber an meiner Zimmerdecke.

Manchmal brachte ich mit einer Imitation irgendeines

Schauspielers meinen Bruder zum Lachen, der auf der anderen Seite des Flurs schlief.

Manchmal spielte ich ein trickreiches Spiel, das ich selbst erfunden hatte: Ich streckte meinen Körper aus dem Bett, legte meinen Kopf auf den Boden, behielt aber meine Beine und Füße im Bett und befolgte damit technisch gesehen die Anweisung meiner Eltern, „keinen Fuß mehr aus dem Bett zu setzen, junge Dame". Wenn ich versuchte, meinen Kopf immer weiter hinauszuschieben, entfernte ich mich manchmal zu weit von meinen eigenen Füßen und kippte wie eine umfallende Schubkarre mit Äpfeln auf den Boden. Und Gott steh dem Kind bei, das einen solchen Krach veranstaltet, während seine Eltern sich ihre Lieblingsserie anschauen.

Aber meistens lag ich nur wach da und versuchte zu begreifen, was „Ewigkeit" bedeutet. (Gibt es da draußen noch andere Fünfjährige mit derart existenziellen Problemen? Ich bin die Einzige? Na toll.) Ich stellte mir die Zeit als eine lange, mit gelben Ziegelsteinen gepflasterte Straße vor, die sich wie ein endloses Band in beide Richtungen erstreckte – in die Endlosigkeit vor und nach meinem Leben – und nirgendwo begann und nirgendwo endete. Ich malte mir aus, dass ich diesen Weg so weit wie möglich in beide Richtungen entlangwanderte, links in die Vergangenheit und rechts in die Zukunft. Von ganz am Anfang bis ganz zum Ende. Und es beunruhigte mich zutiefst zu erkennen, dass ich mit all meiner Vorstellungskraft eine so große Realität nicht erfassen konnte.

Nirgendwo anfangen? Nirgendwo enden? Einfach ... *nirgends? Niemals?*

Ich schickte meinen Verstand auf Wanderschaft, Millionen und Milliarden von Jahren durch die Zeit. Manchmal lief das

Ganze wie ein Videofilm ab, der zurückgespult wird, weiter und immer weiter zurück in der Zeit, bis ich schließlich auf die schwarze Weite des Weltraums stieß – die Zeit, bevor irgendetwas existierte, bevor irgendetwas erschaffen wurde. Und in meiner Vorstellung fand ich dort Gott, der allein in der Dunkelheit saß und darauf wartete, etwas zu schaffen, das ihn wahrnehmen würde.

Das klingt irgendwie, als sei Gott bedürftig, und das möchte ich damit keinesfalls andeuten. Gott existiert seit Anbeginn aller Dinge als Vater, Sohn und Heiliger Geist, und ihre Beziehung zueinander ist ein unvorstellbares Ausmaß an Liebe, gepaart mit einem Überfluss an unbändiger Freude. Er genoss diese Liebe bereits in dieser vollkommenen Einheit von drei Personen, einer Einheit, die wir Menschen einfach nicht verstehen können, weil sie nirgendwo sonst existiert. Alles, was wir wissen müssen, ist, dass Gott die Menschheit nicht erschaffen hat, weil er es nötig gehabt hätte, geliebt zu werden. Er schuf die Menschen, damit er diese Liebe mit uns teilen kann.

Wie auch immer. Als ich in meiner Kindheit schlaflos im Bett über die Ewigkeit nachgrübelte, verstand ich das jedenfalls noch nicht. In meiner Fantasie war Gott ganz allein, einsam, zeitlos und bärtig. (Ich lag in meinem Bett und dachte darüber nach, dass er schon immer da gewesen war, dieser Schöpfer, der von niemandem erschaffen worden war, sondern schon ewig da war. Und dann stieg manchmal ein bisschen Panik in mir hoch, ich spürte, wie mein Herz schneller schlug, bis es mir klug erschien, wieder die Aufkleber an der Zimmerdecke zu zählen.)

Aus seiner unerschöpflichen Liebe und Kreativität heraus rief er durch sein Wort das Licht ins Dasein und trennte es von der Dunkelheit. Er wob spiralförmige Galaxien, die mit mehr Sternen übersät sind, als wir jemals entdecken werden, und die sich in alle Richtungen und in Entfernungen ausbreiten, die nur in Lichtjahren gemessen werden können. Und er hätte das menschliche Abbild seiner selbst überall platzieren können in diesen Unmengen an Planeten und Sternen, die er erschaffen hat. Aber er wählte diesen Planeten aus, diese blau-grüne Murmel, als Leinwand für seine Fantasie. Er schuf einen Miniatur-Mond und eine glühende Sonne, die Wellen der Ozeane und den körnigen Sand, grüne Äpfel und Blutorangen, Gänseblümchen und Tulpen, Giraffen und lindgrüne Fadenwürmer, Wimpern und Sommersprossen, Lieder, die einem die Tränen in die Augen treiben, und ein ansteckendes Lachen, das dafür sorgt, dass man schier Bauchschmerzen bekommt.

Dieser Gott der Bibel hat schon immer existiert und wird immer existieren. Er ist einfach. Alles und jedes wurde von ihm erschaffen, findet bei ihm und durch ihn Sinn und Ziel. Oder mit anderen Worten: „Durch ihn allein leben und handeln wir, ja, ihm verdanken wir alles, was wir sind."[1] Und diese Tatsache wird niemals *unwahr* sein oder nicht länger zutreffen. Gott ist unermesslich und für uns unmöglich zu verstehen, und je mehr ich in der Bibel lese, desto größer wird er für mich.

Doch etwas bereitet mir Kopfzerbrechen: Das 1. Buch Mose – Genesis – wurde nicht zu der Zeit geschrieben, in der die darin geschilderten Ereignisse sich abspielten. Es wurde Milliarden von Jahren nachdem die ganze Sache stattgefunden hatte, verfasst. Dieses erste Buch der Bibel gibt uns einen Einblick in das, was geschehen ist, was Gott getan hat und wie er mit seiner Lieblingsschöpfung umgegangen ist, seit die Sonne am ersten Morgen zum ersten Mal aufging. Und seit der erste Stift auf der ersten Seite angesetzt wurde, fragen sich die Menschen, wer das Buch Mose geschrieben hat, analysieren den zeitlichen Ablauf und streiten sich darüber, wer wirklich zuständig war.

Die Menschen debattieren darüber, ob die Schöpfungswoche buchstäblich sieben Tagen entspricht oder ob die im 1. Buch Mose beschriebene Schöpfungswoche eher symbolischer Natur ist, eine Metapher für einen Gott, für den tausend Jahre wie ein Tag sind.[2] Manche glauben auch überhaupt nicht daran, sondern denken, die Beschreibungen seien der lebhaften Fantasie eines Schriftstellers entsprungen, der keine Ahnung von Wissenschaft hatte. Ganz ehrlich, ist es wirklich wichtig, wie lange die Schöpfung gedauert hat? Ich glaube einfach nicht, dass es demjenigen, der das Buch verfasst hat, primär um korrekte Zeitabläufe ging. (Laut Überlieferung war das wahrscheinlich Mose, aber wir können es nicht mit Sicherheit wissen.[3]) Ich vermute, dass es dieser Person weniger darum ging, detailliert zu klären, *wie* Gott die Welt erschaffen hat, sondern vielmehr um etwas anderes: Künftige Generationen sollten verstehen, *dass* Gott die Erde erschaffen hat. Es ist geschehen und Gott hat es getan. Alle spezifischen Details darüber, wie es im Einzelnen ablief, übersteigen unsere Fähigkeiten und unseren Verstand. Sie gehören in die Kategorie „Das weiß Gott allein". Worauf es ankommt, ist unsere Bereitschaft zu verstehen, dass Gott unermesslich groß ist und wir ihn nicht vollständig begreifen können – und dass die Bibel daher viele Dinge enthält, die wir nicht zu 100 Prozent erfassen können. Aber das ist in Ordnung. Wir haben die Freiheit, nicht alle Antworten zu kennen, und dürfen demütig sagen, dass es vielleicht nicht unbedingt eine Rolle spielt, ob Gott die Welt tatsächlich in sieben Tagen erschaffen hat oder ob das ein literarischer Kunstgriff ist – denn was zählt, ist, *dass* er es getan hat.

Lass uns einfach gestehen, dass manche dieser Dinge schwer vorstellbar sind, und wenn du erst unwiderlegbare Beweise finden musst, bevor du zum Glauben kommst, zäumst du vielleicht das Pferd von hinten auf. Ich selbst habe mich damit angefreundet, dass einige biblische Geschichten ein wenig gewagt sind, dass ich nicht wissen kann, ob sie sich wirklich genau so abgespielt haben, wie sie beschrieben werden. Ich mache mir weniger Gedanken darüber, ob wir die Überreste von Noahs Arche finden können[4], ob Hiobs bittere Aussagen über Gott wörtlich zu nehmen sind oder ein Gleichnis darstellen[5], ob Jona wirklich drei schleimige Tage im Wal verbracht hat[6] oder ob es sich um Geschichten handelt, die niedergeschrieben wurden, um ein bestimmtes Bild zu zeichnen und gewisse Einsichten zu vermitteln. Um es klar zu sagen: Ich persönlich glaube, dass die Dinge sich so zugetragen haben, wie es in der Bibel geschrieben steht, aber das liegt daran, dass ich im Allgemeinen dazu neige, an Dinge zu glauben, die ich nicht verstehen kann, wenn es Gott ist, der dahintersteht. Ich möchte glauben, dass er der ist, der er zu sein behauptet, und dass er trotz allem mysteriös, mächtig, mir nah und liebevoll ist, egal, ob jede einzelne Angabe in der Bibel hundertprozentig wörtlich zu nehmen ist oder nicht.

Ob die Welt nun in sieben Tagen oder sieben Jahrtausenden entstanden ist, ändert nichts am Urheber der Geschichte. Ich habe beschlossen, dass ich ihm auf den Seiten seines Buches begegnen will, auch wenn er auf eine Weise auftaucht, die ich nicht erwarte, und auch wenn er sich mir auf eine Art zeigt, die ich nicht verstehe. Ich möchte ihm vertrauen. Nichts an all den umstrittenen Passagen der Bibel kann etwas an der Tatsache ändern, dass ich glaube, dass Gott der ist, der er zu sein behauptet, dass er mich kennt und liebt und dass das höchste Ziel meines Lebens darin besteht, ihn zu kennen und ihn zu lieben.

Ich möchte erfahren, was Gott wichtig ist, und dem Einen ähnlicher werden, der diese gigantische Zeitleiste angestoßen hat, die mich in meiner Kindheit nachts wachgehalten hat – und die mich auch als Erwachsene wachhält. Damals wollte ich den Verlauf der Zeit verstehen. Heute geht es mir mehr darum, den besser kennenzulernen, der die Zeit erfunden hat. Ich bin hungrig nach mehr als nur Informationen; ich bin durstig nach einer Veränderung. Ich möchte diesen Gott kennenlernen, der sich nach Gemeinschaft sehnt und sich darüber freut, der Kreativität und Gespräche schätzt, der die Zeit erschaffen hat, aber nicht der Zeit unterworfen ist, dem Ruhen wichtig ist, obwohl er nie müde wird. Ich möchte diesen Gott kennenlernen, der über alle Dinge herrscht und doch meinen Namen weiß, der die Farbe meiner Augen ausgewählt hat und meine Handschrift erkennt.

Als Gott sein wertvollstes und privilegiertestes Geschöpf erschuf – Mann und Frau –, schuf er das erste Abbild seiner selbst. Als er Eva schuf – und ich war ganz begeistert, als ich diese Entdeckung gemacht habe –, schuf er damit zugleich Freundschaft und Gemeinschaft, Partnerschaft und Teamarbeit. Er gab die Farbtupfer der Liebe, der Zuneigung, der menschlichen Beziehung auf seine Leinwand. *Diesen Gott* möchte ich kennenlernen.

Und genau an diesem Punkt sollten wir auch mit der Bibel ansetzen – nicht mit unseren Vorurteilen, unserer Voreingenommenheit, unseren unterschiedlichen theologischen Ansätzen. Wir sollten bei Gott anfangen.

Bei meinen Recherchen zu diesem Buch bin ich auf eine großartige Leitlinie gestoßen: „Die Hauptfigur der Bibel ist Gott. So verlockend es auch sein mag, diese Geschichten zu lesen und zu fragen: ‚Was verät mir das über mich?', so sollten wir doch erst einmal innehalten und darüber nachdenken, was uns diese Geschichten über das Wesen Gottes offenbaren. Andernfalls werden diese Geschichten zu Geschichten über die Menschen, die zu Gott gehören, anstatt vom Gott zu erzählen, dem diese Menschen folgen."[7]

Wenn du im Hinblick auf die eine oder andere Geschichte oder Beschreibung deine Anfragen hast, dann befindest du dich also in guter Gesellschaft: Gott übersteigt das Verständnis von uns allen. Deshalb sollten wir lernen, unsere vorgefassten Meinungen darüber, wer er ist, abzulegen, und bereit sein, uns auf eine Entdeckungsreise durch sein Wort einzulassen. Wenn wir verstehen, dass so vieles an Gott für uns ein Mysterium ist und auch immer bleiben wird, können wir uns der Bibel mit Demut, Neugier und einem offenen Herzen nähern.

Es ist gut, über etwas zu staunen, das so viel größer ist als wir. Und ähnlich wie ich in meinen schlaflosen Nächten als Kind ist es vielleicht auch ganz gut, wenn wir hin und wieder ein bisschen aufgerüttelt werden, wenn wir uns bewusst machen, wie viel wir nicht verstehen.

Ein paar Ideen für deinen Alltag

Erstelle eine Liste mit allem, was du im Moment ehrlich über Gott glaubst. Nicht das, was du sagen „solltest", sondern wer er tatsächlich für dich ist (oder auch nicht ist) und was deiner Meinung nach die Bibel über ihn sagt. Falls dir das schwer fällt, dann schreibe auf, worauf du im Hinblick auf Gott und die Bibel neugierig bist und was du darin zu finden hoffst.

Widerstehe dem Drang, deine Vorstellungen von Gott aufzuhübschen. Sie sind vielleicht ein bisschen chaotisch, aber Ehrlichkeit ist für eine vertraute Beziehung zu Gott noch immer wichtig.

Alicia Britt Chole, *The Sacred Slow*

Kapitel 2

Vielleicht fängst du lieber nicht ganz am Anfang an

Die richtige Übersetzung und der beste Einstieg

Vorab würde ich dir gern Folgendes sagen: Ich bin so albern, dass ich mir manchmal selbst auf den Geist gehe.

Nach diesem Geständnis scheint auch ein guter Zeitpunkt zu sein für eine kleine Geschichte, die mir passiert ist. Eine Geschichte über einen Fehler, den ich begangen habe, als ich vor Tausenden von Frauen einen Vortrag über die Bibel hielt. Geschichten über Fehler und andere Peinlichkeiten sind immer gute Gesprächseinstiege, und ich bin gewöhnlich die Erste, die sich meldet, um damit das Eis zu brechen.

Ich wusste, dass in einer Gruppe dieser Größe beide Seiten des Spektrums der Bibelleser vertreten sein würden: Menschen, die die Bibel schon mehrmals von vorne bis hinten gelesen hatten, und Personen, die nicht so richtig wussten, wie sie überhaupt anfangen sollten. Ich wollte besonders Letztere ansprechen und ihnen die Tür zu diesem anderen „Klub" öffnen, der exklusiv wirken kann, wenn man außen vor ist.

Also präsentierte ich ein paar Ideen, wie man mit dem regelmäßigen Bibellesen anfangen könnte.

Ich sagte: „Wenn du ganz neu mit der Bibel anfängst, dann schlag doch mal das Johannesevangelium auf. Jesus ist echt der Hammer, und dieses Evangelium wird dir vermitteln, wer er so war, als er hier auf der Erde lebte. Die Menschen, die ihm folgten, fanden ihn schlichtweg unwiderstehlich, und dieses Buch wird dir zeigen, warum."

Hinter diesem Ratschlag stehe ich übrigens immer noch.

Dann fuhr ich fort: „Wenn du mit dem Johannesevangelium fertig bist und nicht weißt, wie du weitermachen sollt, würde ich vorschlagen, dass du den Jakobusbrief aufschlägst. Mich verbindet eine Art Hassliebe mit dem Jakobusbrief, weil man dort einen praktischen, bodenständigen Leitfaden für das tägliche Leben finden kann. Ich liebe diesen Brief, weil er so leicht zu verstehen ist. Aber zugleich hasse ich ihn auch, *weil er so leicht zu verstehen ist und ich nicht so tun kann, als verstünde ich nicht, was gemeint ist*. Also stürzt euch auf den Jakobusbrief."

Auch zu dieser Empfehlung stehe ich nach wie vor.

Aber dann meinte ich: „Was immer ihr tut, fangt nicht am Anfang an. Wenn ihr mit den Mose-Büchern beginnt, landet ihr irgendwann bei diesen langen Listen von Gesetzen und Bauvorschriften im 3. und 4. Buch, und die sind echt sterbenslangweilig. Tut euch also den Gefallen und fangt in der Mitte an."

Auch dazu stehe ich nach wie vor.

Das Dumme war nur, dass die Leiterin der Frauenarbeit nach meinem Vortrag noch einige Ankündigungen machte. Sie sagte: „Und natürlich möchten wir euch sehr herzlich zu unserem Frauenbibelkreis einladen, und, na ja, das ist jetzt ein bisschen peinlich nach allem, was Tricia gerade gesagt hat, aber wir werden zusammen das 2. Buch Mose lesen. Wir finden das Buch nämlich ziemlich interessant."

Inzwischen habe ich mir überlegt, dass ich bei jeder Vortragsanfrage eine Bitte anfügen werde: „Bitte teilt mir mit, welche biblischen Bücher ihr demnächst behandeln wollt, damit ich sorgfältig auswählen kann, über welche biblischen Bücher ich in meinem Vortrag ein bisschen abschätzig reden kann."

(Wie ich schon sagte: Ich bin albern. Unglaublich, oder?)

Jetzt kommen wir zu der Stelle, an der es in dieser ganzen peinlichen Geschichte für mich brenzlig wird. Ja, ich dachte, das 2. Buch Mose – auch Exodus genannt – sei langweilig ... aber nur, weil ich es selbst noch nicht gelesen hatte. Es stand auf meiner Liste der Bücher, die ich schon längst hätte lesen sollen, Bücher, *über* die ich gelesen oder Kurse besucht hatte, die auf Lehrplänen gestanden und über die ich sogar an Diskussionen teilgenommen hatte ... und die ich tatsächlich nie gelesen hatte.

(Ich muss leider sagen, dass diese Liste lang ist. Zusätzlich zu einigen Büchern der Bibel stehen darauf noch Titel wie *Der Fänger im Roggen*, *Der scharlachrote Buchstabe*, Sachen von Flannery O'Connor. Im Grunde alles, was ich in der Highschool hätte lesen sollen, und vieles, von dem ich behauptete, ich hätte es im College gelesen. Es gab eine Zeit, da konnte ich über diese Bücher reden, als hätte ich sie tatsächlich alle gelesen. Hatte ich aber nicht.)

Die Wahrheit ist, dass man viel von dem lernen kann, was jemand anderes zu einem Thema sagt. Man kann sogar ziemlich intelligent über Dinge daherreden, ohne sich wirklich damit befasst zu haben. In meinem Kopf passen alle Geschehnisse, von denen wir im 2. Buch Mose lesen, auf die Flanellfläche aus dem Sonntagsschulunterricht meiner Kindheit. In meiner Erinnerung fügt sich dabei die Geschichte dieses Mannes namens Mose und des Volkes Israel nahtlos in andere Dinge ein, die ich damals lernte, wie zum Beispiel die Tatsache, dass mein Kurzhaarschnitt meine sechsjährigen Mitschüler dazu veranlasste, mich zu fragen, ob ich ein Mädchen oder ein Junge sei; oder dass das Mädchen, das neben mir saß, ein Hörgerät trug; oder dass das Wort „Psalm" nicht mit dem Buchstaben B beginnt. Damals lernte ich viele Dinge, interessante und weniger interessante, und irgendwie landeten die Geschichten von Mose und dem Pharao und den Israeliten und dem Roten Meer und dem Goldenen Kalb in einer Schublade mit der Aufschrift „Kenn ich schon, nicht so interessant".

Nachdem ich also diese Lektion in Sachen Demut gelernt hatte, beschloss ich, meine Liste der Bücher, die ich angeblich gelesen hatte, noch einmal durchzugehen, und dieses Mal las ich die ersten Bücher der Bibel tatsächlich selbst. Ich begann mit dem 1. Buch Mose. Und siehe da, es wurde für mich lebendig. Ich war zutiefst und überraschenderweise ... *gepackt*.

Was hat mich früher davon abgehalten, dieses Buch gern zu lesen? Vielleicht hatten die Sonntagsschullehrer oder ich einfach die falsche Übersetzung verwendet. Nicht jede Übersetzung der Bibel spricht unsere „Sprache" – und ich meine hier nicht die Muttersprache. Ich spreche von der Sprache unseres Lernstils, unserer Herangehensweise an Texte, unseren Vorlieben. Wenn du also eine Übersetzung liest, die dein Herz nicht erreicht, dann probiere doch einmal eine andere Übersetzung aus.

Das hört sich so einfach an, was? Als ob man einfach in eine Buchhandlung gehen und zur Abteilung mit den frommen Büchern stiefeln könnte – oder auf den Seiten von Bibelverlagen stöbert – und intuitiv wüsste, welche die richtige Übersetzung für einen ist. Die Wahrheit ist, dass du in einer christlichen Buchhandlung diverse Bibelübersetzungen finden wirst – und das kann jemanden, der noch nicht viel Erfahrung mit der Bibel hat, ganz schön einschüchtern.

Stellen wir also zunächst eines klar: Die eine „beste" Übersetzung gibt es nicht. Viele Menschen gehen davon aus, dass es eine Bibelübersetzung gibt, die alle anderen qualitativ übertrifft, aber das stimmt meines Erachtens nicht. Schriftsteller und Redakteur Mark Ward schrieb: „Sie werden sich einige Verwirrung und sogar echten Kummer ersparen, wenn Sie sich nicht auf die Suche nach diesem imaginären Ziel, diesem heiligen Gral begeben. Gott hat nie gesagt, dass es die eine beste Übersetzung in einer bestimmten Sprache geben sollte. Und die gibt es auch nicht. Jede Bibelübersetzung ist das Ergebnis Zehntausender kleiner Einzelentscheidungen; es kann einfach nicht sein, dass eine Übersetzung alles richtig und alle anderen alles falsch gemacht haben."[1]

Wir können also unsere verkrampften Versuche aufgeben, diese Sache mit der richtigen Übersetzung, nun, *richtig* zu machen. Du wirst keine Bibel finden, in der *nicht* steht, dass Jesus der Sohn Gottes ist, oder in der die Behauptung aufgestellt wird, dass es in Ordnung ist, den Ehepartner zu betrügen, wenn es „gute" Gründe gibt, oder die die deprimierende Geschichte erzählt, wie Goliath David getötet hat und nicht umgekehrt. Du kannst also gar nicht an eine falsche Übersetzung geraten. Der Grund, warum es neue Übersetzungen gibt, ist der, dass sich Sprache im Laufe der Zeit und der Kultur verändert, sodass sich immer wieder Teams aus sachkundigen Menschen zusammengefunden haben, um die Bibel verständlich und zeitgemäß zu übersetzen. Das ist kein einfacher

Prozess und die Verantwortlichen machen sich weder schnell noch leichtfertig an diese Aufgabe. Aber wir können sicher sein, dass die Übersetzer jeder Version lange damit gerungen haben, wie sie die Worte genau und stimmig in einer Weise wiedergeben können, die sowohl dem Text getreu als auch verständlich für den Leser ist.

Um das Ganze ein bisschen spielerisch zu erklären: Stell dir ein langes Büfett mit gesunden Frühstücksspeisen vor. Ganz links stehen die Sachen mit dem meisten Nährwert und ganz rechts die, nach denen man mal ganz schnell greift.

Auf der linken Seite findest du in Kesseln und Töpfen aus alten Zeiten Haferflocken, Porridge und dergleichen.

Die sind das biblische Äquivalent zu *Lutherbibel*, *Elberfelder Bibel* oder der *Zürcher Bibel* oder auch den Übersetzungen von Ulrich Wilckens oder Fridolin Stier oder von Hans Bruns.

In der Mitte findest du Rührei und Speck, der so geschnitten ist, wie du es als Fleischesser magst. Das sind die *Einheitsübersetzung*, die *Gute Nachricht*-Bibel, vielleicht auch die Übersetzung von Martin Buber und Franz Rosenzweig (hier nur die Bücher der hebräischen Bibel, das heißt das sogenannte Alte Testament).

Weiter rechts kannst du dann ein Omelett mit Wurst, Schinken, Käse, roter Paprika und Zwiebeln finden, das auf Bestellung zubereitet wird. Diese farbenfrohen Gaumenfreuden könnten der Übersetzung *Hoffnung für alle*, der *Neues Leben*-Bibel, der *Neuen Genfer Übersetzung* oder der *Basisbibel* ähneln.

Ganz rechts außen, auf großen Etageren, die hübsch anzusehen sind, steht fruchtiger Pudding. Hier finden du sogenannte Übertragungen der Bibel wie die *Volxbibel*, die Übersetzung von Jörg Zink oder die *Willkommen daheim* von Fred Ritzhaupt (von der nur das Neue Testament vorliegt).

(Ich hoffe, du hast bemerkt, dass keine dieser Frühstücksoptionen uns mit Kohlenhydraten und leerem Zucker vollstopft, wie meine geliebten Donuts oder Bagels mit Frischkäse es täten. Nein, sie sind alle eine gute Wahl, um in den Tag zu starten, herzhaft genug, um bis zum Mittagessen satt zu machen. Und sie eröffnen jedem die Möglichkeit, frei darunter zu wählen und das auszusuchen, was ihm am „leckersten" vorkommt – aber egal, wofür man sich entscheidet: Man ernährt sich gut.)

Als ich mich auf das verließ, was irgendein anderer über bestimmte biblische Texte gesagt hat, spielte ich gewissermaßen Stille Post. Mir gefällt, was meine Lieblingstheologin Teresa Swanstrom Anderson (ja, die mit den pink gefärbten Haaren) sagt: „Kommentare und Bücher über die Bibel sind unglaublich hilfreich, aber wir sollten dafür sorgen, dass wir nicht mehr Zeit mit Büchern *über* die Bibel verbringen als *mit der Bibel selbst*." Und: „Wir sollten mit der Bibel auf eine Weise vertraut sein, die über die Meinung und die Forschung anderer hinausgeht. Um geistlich zu wachsen, müssen wir uns in Gottes Wort vertiefen."[2]

Tatsache ist, dass ich zu einem Festmahl eingeladen wurde und mich mit den Krümeln von den Tellern anderer Leute begnügt hatte. Ich hatte das Studieren anderen überlassen, ließ sie die Geschichte aus erster Hand lesen und genießen, und ich nahm die Brocken, die sie mir reichten. Als ich anfing, das 2. Buch Mose zu lesen – und ich meine, *wirklich den biblischen Text zu lesen*, nicht die Interpretation eines anderen, keine Geschichten darüber, sondern mich tatsächlich diesem zweiten

Buch der Bibel zuwandte –, war ich gefesselt. Über den Mut und die Tapferkeit der Israeliten. Das Fundament der Erlösung, das dort gelegt wurde. Meine Güte, wenn ich mich jemals in einem Buch geirrt hatte, dann in Blick auf das 2. Buch Mose.

(Na ja, das 3. Buch Mose – Levitikus – finde ich immer noch ein wenig trocken. Aber Levitikus ist ein Vertragsdokument. Und genau wie das Kleingedruckte in jedem Vertrag kann auch dieses Buch langweilig erscheinen – es sei denn, du gehörst zu den Menschen, die es lieben, jedes einzelne Wort einer Garantiebescheinigung zu lesen. Ich gehöre jedenfalls nicht dazu.)

(Und über Flannery O'Connor werde ich mir auch irgendwann noch einmal ein eigenes Urteil bilden.)

Ein paar Ideen für deinen Alltag

Wenn du zum ersten Mal Kaffee trinkst und gleich mit schwarzem Kaffee anfängst, wirst du ihn bitter finden und kaum genießbar. Auch die Bibel wird dir wahrscheinlich bitter und kaum genießbar vorkommen, wenn du mit dem 3. oder 4. Buch Mose beginnst. Die meisten Kaffee-Einsteiger tun gut daran, sich ihren Kaffee anfangs fast wie einen Schokoriegel schmecken zu lassen und dann allmählich die Süße und die Milch zu reduzieren. Suche dir eine Übersetzung aus und vertiefe dich dann in das Johannesevangelium. Auf diese Weise kannst du direkt mit Jesus beginnen. Und das ist der süßeste Geschmack, den es gibt.

Manche Menschen geben schnell auf, weil sie in Verzug geraten. Versuche doch einmal, einem Leseplan zu folgen oder diesen gegebenenfalls auch zur Seite zu legen – je nach deinem Kontext und deinen Bedürfnissen. Lies die Bibel auf dem Tablet und als gedrucktes Buch; du könntest dir auch eine Fassung aussuchen, in der auf Vers- und Kapitelmarkierungen verzichtet wurde, und den Text einfach wie ein ganz normales Buch lesen. Lausche einer Hörbuchversion der Bibel, statt sie selbst zu lesen. Wie immer du es machst: Lass dein Leben und deine Seele von Gottes Wort durchtränken.

Tim Challies, in: *How to Study the Bible: 9 Tips from Top Bible Teachers*

Kapitel 3

Moderne Psalmdichter

Einfach mal selbst ausprobieren

Als ich 31 Jahre alt war, starb mein Mann vor meinen Augen auf dem Fußboden in unserem Schlafzimmer. Meine Söhne waren damals fünf und drei Jahre alt und hatten damit schon ihren Vater verloren, bevor sie in die Vorschule kamen. Die Ärzte waren davon ausgegangen, dass er bloß eine Grippe hätte, aber sie übersahen eine Blutvergiftung, die innerhalb weniger Stunden sein Herz und seine Lunge in Mitleidenschaft zog. Daher entließen sie ihn mit der Anweisung nach Hause, er solle sich mit Eis und Coca-Cola erholen. „Er wird nicht daran sterben, aber er wird sich so fühlen", sagte man uns.

Er starb am nächsten Morgen. Er war 35 und bis dahin kerngesund – aber plötzlich war er fort. Es war zwei Tage vor Weihnachten, einen Tag vor dem Heiligen Abend.

Es tut mir leid, dass ich dir diese Nachricht einfach so vor den Kopf knalle. Er ist nicht so leicht zu verkraften, dieser kurze Absatz mit nackten Fakten, nicht wahr? Es gibt keine gute oder sanfte Art und Weise, diese Dinge zu sagen oder die Worte auf der Seite zu lesen oder zu spüren, wie sie zwischen uns hängen. Ich weiß das sehr gut. Dieser Tod hat mein Leben getroffen wie ein Ball, der mit der Geschwindigkeit eines Asteroiden auf mich zukommt. Er hat meine Welt in Stücke gerissen.

Mittlerweile – mehr als zehn Jahre nachdem das alles passiert ist – habe ich viele Dinge gelernt.

Manche Verletzungen verwandeln sich in eine Narbe, die man nicht sehen kann. Sie blutet nicht mehr, und sie braucht auch nicht mehr die ständige Pflege, die sie einst benötigte. Gesundes Gewebe wurde über die Narbe verpflanzt und manchmal sehe sogar *ich* sie nicht mehr.

Aber sie ist da, sie ist Teil meines Lebens. Manchmal, bei einem heftigen Regenschauer oder einem Wechsel der Jahreszeiten, spüre ich sie wieder.

Ich habe in meinem Leben schon viele unterschiedliche Namen und Bezeichnungen getragen, und das Armband mit der langen Liste an Vornamen, Zweitnamen, Mädchennamen, Ehenamen, Witwennamen, Autorinnennamen, erneutem Ehenamen und Monogrammen könnte ich mir bestimmt zweimal ums Handgelenk wickeln. Jeder meiner Namen ist gewissermaßen Teil einer aus vielen Elementen bestehenden Matroschka, die sich jeweils unter der neuesten Namensversion verbirgt. Alle zusammen machen mich aus und zugleich bin bzw. war ich jede einzelne davon zu einem bestimmten Zeitpunkt meines Lebens. Ganz im Inneren versteckt sich die kleinste Figur, und alle anderen Figuren, die sie umgeben, tun ihr Bestes, um diese kleinste zu schützen. Aber sie ist da, tief innen.

Ich hatte ja schon an anderer Stelle gesagt, dass ich nicht immer gern in der Bibel gelesen habe. Als Robb starb, waren die Bibel und ich nicht gerade die besten Freunde. Ich wusste nicht, was ich damit anfangen sollte, mit diesem Alten Testament, das mir einen zornigen Gott präsentierte, der die

Menschen sterben ließ, wenn sie gegen die Regeln verstießen, oder mit diesem neutestamentlichen Erlöser, der seine Wunder nur für Menschen zu vollbringen schien, deren Glaube groß genug war. Ich ging also davon aus, dass Robb entweder gestorben war, weil Gott wütend auf uns war oder weil ich nicht genug Glauben besaß, um ihn am Leben zu erhalten.

Es kam mir so vor, als hätte ich zu viel getan oder nicht genug.

Ich schloss die Bibel für eine Weile und stellte sie ins Regal – wie eine Amateursportlerin, die ihre Ausrüstung an den Nagel hängt. Ich wusste nicht, wie man sie richtig benutzt, und ich hatte das Gefühl, dass ich das auch gar nicht lernen wollte. Wozu sollte sie jetzt noch gut sein? Es kam mir so vor, als hätte ich in meiner Situation das Recht, „Nein danke" zu sagen. Wenn Gott mir meinen Mann wegnehmen und meine Kinder ohne Vater zurücklassen wollte, dann würde ich eben dafür sorgen, dass er für eine Weile nichts von mir hören würde. Eine recht lange Weile. Er hatte seinen Teil der Abmachung nicht eingehalten, also hatte ich auch nicht vor, meinen einzuhalten.

Der Begriff „ein Recht haben auf" kommt mir hier in den Sinn. Einen Anspruch haben auf etwas. Ja, ich fühlte mich *berechtigt*, ihn auszuschließen.

Berechtigt, mich zu betäuben.

Berechtigt, meine Fragen woanders zu stellen.

Aber ich will dir sagen, was ein solches Anspruchsdenken, das Pochen auf deinem Recht, dir bringt: herzlich wenig. Du kannst mit deinem Beharren auf deinem *Recht* den *unrechten* Weg entlangstolpern.

Alles kam mir irgendwie leer vor. Ich erinnere mich noch, dass ich versucht habe, mich in seichte Romane zu vertiefen, aber die Handlung ergab irgendwie keinen Sinn, ich konnte mich nicht mit diesen oberflächlichen Charakteren identifizieren. Ich erinnere mich auch noch, dass ich versucht habe, mich mit den endlosen Updates bei Facebook und Co. zu betäuben, aber ich war rasch genervt von einem Newsfeed, der mit übertriebenem Optimismus oder angeblichen Krisen angefüllt war. Auch hier war mir alles zu viel oder nicht genug.

Irgendwann begann mir zu dämmern, dass ich nirgendwo hinkonnte. Und das brachte eine tief in meinem Gedächtnis vergrabene Erinnerung zutage, dass die Freunde von Jesus zu einem Zeitpunkt zu genau demselben Schluss gelangt waren. Jesus hatte einige sehr unangenehme Dinge gesagt, die die meisten Leute, die sich ihm angeschlossen hatten, nicht hören wollten. Dieses Leben, zu dem er sie eingeladen hatte, war weder leicht noch glamourös, brachte ihnen keinen Reichtum ein und sorgte auch nicht gerade dafür, dass sie bei anderen beliebt waren. Sie sehnten sich nach etwas Einfacherem und begannen, sich von ihm abzuwenden.

Jesus sah die Zwölf an und fragte: „Ihr wollt doch nicht etwa auch weggehen?“

Und Petrus antwortete in seiner geradlinigen Art, für die ich ihn so liebe: „Herr, zu wem sollten wir gehen? Nur du hast Worte, die ewiges Leben schenken.“[1]

Petrus sagt nicht: „Ich liebe jedes Wort, das du sagst.“ Oder: „Das ist doch alles ganz einfach zu verstehen und ich habe keine Fragen.“ Oder: „Ich werde mich nie wieder wundern oder dir den Rücken kehren.“

Im Wesentlichen sagt er: „Das ist schwierig, aber ich glaube, ohne dich wäre es noch schwieriger. Ich würde es lieber gemeinsam mit dir durchstehen – und dem Sinn auf die Spur kommen –, als einen anderen Weg einzuschlagen, der in die Sinnlosigkeit führt, ohne Ziel, ohne Heilung und ohne Leben."

Ich stellte mir gern vor, wie Petrus mit müdem Blick und müden Knochen sagt: „Du bist meine einzige Hoffnung. Ich bleib bei dir."

In diesem Moment hatte Petrus auch für mich geantwortet.

Also brachte ich meine kleinen Jungs zur Vorschule, packte meine Stifte, mein Tagebuch und meine Bibel ein und ging zu *Starbucks*. Ich bestellte mir einen koffeinfreien Grande Salted Caramel Mocha, setzte mich an einen Tisch und wartete. Ich wartete auf Worte. Ich wartete auf Gefühle. Ich wartete auf Präsenz, auf Gänsehaut und Inspiration. Aber dass ich bereit war, hieß noch lange nicht, dass ich auch wusste, was ich sagen sollte. Die Bibel schien mir immer noch so fremd wie eine Schatzkarte, die ich nicht lesen konnte.

Ich hatte keine Lust auf die Geschichten aus dem Alten Testament (siehe erster Einwand). Ich war auch nicht an den Geschichten aus dem Neuen Testament interessiert (siehe zweiter Einwand). Also fing ich irgendwo in der Mitte an. Mit den Psalmen.

Bei den Psalmen handelt es sich um eine großartige Sammlung von Liedern, Gedichten und Gebeten, die von vielen verschiedenen Autoren verfasst wurden und zusammen das Herz, die Seele und die Gefühle der Menschheit widerspiegeln. Martin Luther sagte einmal, dieses Buch „wohl möcht eine kleine Bibel heißen / darin alles auf's schönste und kürzeste / so in der ganzen Bibel steht / gefasst ... und bereitet ist".[2] Es schien mir ein guter Anfang zu sein.

Ich öffnete meine Bibel bei Psalm 1 und begann, ihn in mein Tagebuch abzuschreiben.

Ich schrieb erst einen Psalm ab, dann einen weiteren. Dann noch einen. Und ich will ehrlich sein: Manchmal kamen mir die Worte immer noch leer vor. Aber sie gaben meinem Verstand etwas zu tun; das Abschreiben gab meinen Händen etwas zu tun; die Übung gab mir etwas, das ich mit meinem Vormittag tun konnte.

Und dabei stieß ich auf Folgendes:

Ich stieß auf produktive Dichter, die mitten in ihrem Alltag zu Gott schrien.

Ich stieß auf Menschen, die Gott anflehten, sie zu erhören.

Herr, höre mich, wenn ich bete,
vernimm meine Klage!
Höre meinen Hilferuf, mein König und mein Gott,
denn ich bete zu dir.[3]

Ich stieß auf Autoren, die sich in sehr realen Notlagen befanden und sich fragten, wie schlimm es denn noch werden könnte.

Hab Erbarmen mit mir, Herr, denn ich bin schwach.
Heile mich, Herr, denn mein Körper leidet Qualen
und mein Herz ist krank.
Wie lange noch, Herr?[4]

Ich stieß auf Menschen, die vor lauter Weinen nicht mehr schlafen konnten.

Ich bin erschöpft vom Klagen.
Die ganze Nacht tränke ich mein Bett mit Tränen,
mein Kissen ist nass vom Weinen.
Mein Blick ist getrübt vom Kummer.[5]

Ich stieß auf Lobpreis, der zugleich ein Flehen an Gott war, seine Versprechen zu halten.

Erhebe dich, Herr!
Vergiss die Hilflosen nicht! ...
Du siehst Kummer und Leid ...
Die Hilflosen vertrauen auf dich. Du hilfst den Waisen.
Steh auf, Herr! Erhebe deine Hand, o Gott![6]

Ich stieß auf Poesie, aus der Verzweiflung sprach, aber auch Aufrichtigkeit über das erlebte Gute.

Die Ketten des Todes umschlangen mich,
die Fluten der Zerstörung gingen über mich hinweg.
Das Totenreich öffnete sich schon vor mir,
der Tod selbst starrte mir ins Gesicht.
Doch in meiner Not betete ich zum Herrn
und schrie zu meinem Gott um Hilfe.
Da erhörte er mich in seinem Heiligtum,
mein Schreien drang durch bis an sein Ohr.[7]

Ich stieß auf Worte, die ich in meiner persönlichen Finsternis für mich in Anspruch nehmen konnte, selbst wenn ich noch nicht in der Lage war, etwas zu empfinden.

Ich aber vertraue auf dich.[8]

Ich werde nicht aufhören, auf deine Hilfe zu hoffen,
und dich immer mehr loben.[9]

Ich stieß auf eine Sehnsucht, die genau das in Worte fasste, was ich empfand.

Hätte ich doch Flügel wie eine Taube,
dann würde ich fortfliegen und zur Ruhe kommen!
Weit fort würde ich fliegen bis in die Wüste.
Schnell würde ich eine Zuflucht finden
vor dem heftigen Wind und dem Sturm.[10]

Und mit der Zeit begann ich, beim Abschreiben der Psalmen auch eigene Worte einzuflechten, die Psalmen zu meinen eigenen zu machen und auf den Seiten meiner Tagebücher eine moderne Psalmdichterin zu werden. Ich schrieb die Worte der biblischen Psalmen auf die linke Seite des Blattes und meine eigenen auf die rechte. Und während ich so Seite um Seite umblätterte, spürte ich, wie mein Herz sich langsam wieder öffnete.

Herr, wie lange willst du mich noch vergessen?
Wie lange willst du dich noch von mir abwenden?
Wie lange soll meine Seele noch sorgen
und mein Herz täglich aufs Neue trauern?
Wie lange wird mein Feind noch die Oberhand behalten?[11]

Wie lange muss ich das noch machen?
Wie lange werde ich mich so fühlen?
Warum hast du zugelassen, dass dies geschieht?
Wie lange muss ich mit meinen eigenen Gedanken ringen
und jeden Tag Kummer empfinden?
Meine Feinde sind Depressionen, Ängste,
Panik und ein Verlust, der mir das Herz bricht.
Meine Feinde lauern nicht mit Schwertern auf mich,
sondern in der Dunkelheit,
und sie drohen, mich ganz zu verschlingen.
Und das ist wirklich in Ordnung für dich?
Wie lange noch?

Zeige mir einen Weg, den ich gehen soll,
denn ich habe dich darum gebeten.[12]

Zeig du mir, was ich tun soll.
Zeig mir, wie ich das schaffen soll.
Zeig es mir.
Hab Geduld mit mir, bitte.

Der Herr ist allen nahe, die verzweifelt sind;
er rettet die, die den Mut verloren haben.[13]

Jesus, mir fehlt die Kraft, es auch nur zu versuchen.
Ein Tag vergeht wie der andere.
Der nächste scheint sich nicht von dem vorigen zu
unterscheiden.
Mein Herz ist verzagt und ängstlich.
Es ist schwer, Mut zu fassen,

wenn alles, was ich versuche,
panische Erschöpfung erzeugt.
Ich bin wie gelähmt.
Sei mir nah. Du hast versprochen, dass du das bist.

Ich vertraue auf deine Gnade.
Ich freue mich, dass du mich retten wirst.
Ich will dem Herrn ein Loblied singen,
weil er so gut zu mir war.[14]

In deiner wunderbaren Liebe
bewahrst du mich vor Bitterkeit.
Ich habe alle Schattierungen von Traurigkeit gespürt,
aber ich stelle deine Souveränität nicht infrage.
Ich spüre, dass in dieser Sache ein Sinn liegt,
auch wenn er sich mir noch nicht erschließt.
Ich habe nicht länger das Gefühl,
alles sei ein entsetzlicher Irrtum.
Ich habe getrauert über die Ungerechtigkeit des Verlustes
und darüber, wie unfair der Tod ist.
Aber nie habe ich geglaubt,
dass du ungerecht oder unfair bist.
Du hast mich in vielerlei Hinsicht beschenkt.
Zwei dieser Gaben sind Glaube
und Unterscheidungsvermögen.
Und die kommen voll und ganz zum Tragen:
Ich glaube, du sitzt auf deinem Thron,
und ich glaube, dass alles einen Sinn hat.
Das ist ein Zeichen deiner Gnade.
Das ist dein Geschenk an mich.

Hör meine Bitten, Herr.
Sei barmherzig und erhöre mich!
Ich erinnere mich, dass du gesagt hast:
„Suchet meine Nähe."
Und ich habe geantwortet:
„Herr, dich suche ich."[15]

Oh Herr, wie sehr hungere ich nach dir.
Du bist der Einzige,
mit dem ich zusammen sein will,
stundenlang möchte ich bei dir sein.
Nur bei dir fühle ich mich sicher.
Ich habe noch nie eine solche Zufriedenheit erlebt
wie die, wenn ich einfach still bei dir sitze.
Seid still und erkennt.
Du bist Gott.

Das Buch der Psalmen ist völlig frei von Klischees, und gerade das gefällt mir vielleicht am besten daran. Wenn wir die Psalmen lesen, können wir feststellen, dass die Verfasser nicht den einfachen Weg gehen, sondern ihre Gedanken und Gefühle offen äußern. Sie sind ehrlich und schreien aus ihrer tiefsten und dunkelsten Nacht zu Gott. Gleichzeitig preisen sie ihn aber mit der gleichen Ehrlichkeit in den höchsten Tönen und feiern ihn.

Diese Praxis, dieses Ausgießen von Worten, ist keine Garantie für Heilung oder dafür, dass man wieder in der Lage ist, etwas zu empfinden. Aber es ist ein Weg zur Ehrlichkeit. Wenn wir uns auf leere Worte und abgedroschene Floskeln verlassen, die wir schon seit Jahrzehnten wiederholen, setzen wir unserer Kommunikation mit Gott Grenzen. Natürlich hört er das, was wir sagen, trotzdem, und er versteht unser Bemühen, aber er sehnt sich nach echter Kommunikation. Da ich seit Langem einen Bogen um Smalltalk mache und gern rasch in die Tiefe gehe, denke ich manchmal, dass unser Wunsch nach authentischen Gesprächen auch darauf zurückzuführen ist, dass wir als Gottes Ebenbilder erschaffen wurden. Er kennt uns, und er möchte, dass wir auch ihn kennen.

Und eines habe ich über Gott gelernt: Er lässt uns nicht in Monologen versinken. Er ist ein gesprächiger Gott. Wenn wir lernen hinzuhören, während wir unserem tiefsten Schmerz, unseren verborgensten Sehnsüchten Luft machen, können wir schließlich vernehmen, wie er antwortet. Der Weg zu einem tieferen Verständnis muss mit Ehrlichkeit beginnen und die Psalmisten ebnen den Weg dorthin. Sie zeigen uns, wie wir Gott die Wahrheit darüber sagen können, wie wir uns fühlen, was wir getan und erlebt haben, was wir lieben und was wir brauchen. Und wir dürfen uns ihre Worte ausborgen, bis wir unsere eigenen finden.

Ein paar Ideen für deinen Alltag

Einer der großen Höhepunkte in meinem Leben ist ein Schreibworkshop, den ich anbiete. Er trägt den Titel *The Pen and The Page – Stift und Papier*. Hier kommen die verschiedensten Schriftsteller zusammen – Leute jedes Alters, Personen mit gar keiner oder mit viel Schreiberfahrung, alle, die Freude haben an der Kunst, die eigenen Gedanken zu Papier zu bringen. Wir beschäftigen uns mit der Frage, inwiefern das Schreiben uns eine Möglichkeit eröffnen kann, uns selbst besser zu verstehen, und wie wir unseren Worten neues Leben einhauchen und neue Bedeutung verleihen können. Und für viele von uns ist das Schreiben eben auch ein Weg, wie wir mit Gott reden und ihn in unsere eigene Geschichte hineinsprechen lassen können. Für mich ist das Anbetung. Jedes Workshop-Wochenende ist wie ein Fest der Freundschaft, der Worte und der Authentizität. Es hat etwas Magisches, wenn der Stift das Blatt berührt, und ich glaube, dass Gottes Heiliger Geist dann am Werk ist.

Ich vermittle das Studium der Psalmen gern dadurch, dass wir gemeinsam die Schönheit von Psalm 136 betrachten. Und genau dazu möchte ich auch dich einladen. Nimm dir zunächst einen Moment Zeit, um den Psalm zu lesen und darüber nachzudenken (Hfa):

Dankt dem Herrn, denn er ist gut –
seine Gnade hört niemals auf!
Dankt ihm, dem Gott über alle Götter –
seine Gnade hört niemals auf!
Dankt ihm, dem Herrn über alle Herren –
seine Gnade hört niemals auf!
Er allein vollbringt große Wunder –
seine Gnade hört niemals auf!
Mit Weisheit hat er den Himmel geschaffen –
seine Gnade hört niemals auf!
Die Erde breitete er über den Meeren aus –
seine Gnade hört niemals auf!
Er hat die großen Lichter geschaffen –
seine Gnade hört niemals auf!
Die Sonne, um den Tag zu bestimmen –

seine Gnade hört niemals auf!
Mond und Sterne für die Nacht –
seine Gnade hört niemals auf!
Alle Erstgeborenen der Ägypter tötete er –
seine Gnade hört niemals auf!
Er führte sein Volk Israel aus
Ägypten heraus –
seine Gnade hört niemals auf!
Das alles vollbrachte er durch
seine gewaltige Macht –
seine Gnade hört niemals auf!
Er teilte das Schilfmeer –
seine Gnade hört niemals auf!
Sein Volk ließ er mitten hindurchziehen –
seine Gnade hört niemals auf!
Den Pharao und sein Heer aber
ließ er in die Fluten stürzen –
seine Gnade hört niemals auf!
Er führte sein Volk durch die Wüste –
seine Gnade hört niemals auf!
Er ließ mächtige Könige umkommen –
seine Gnade hört niemals auf!
Ja, gewaltige Herrscher tötete er –
seine Gnade hört niemals auf!
Sihon, den König der Amoriter –
seine Gnade hört niemals auf!
Og, den König von Baschan –
seine Gnade hört niemals auf!
Ihre Länder übergab er Israel –
seine Gnade hört niemals auf!

So bekam sein Volk, das ihm diente,
das ganze Gebiet als bleibenden Besitz –
seine Gnade hört niemals auf!
Er vergaß uns nicht, als wir unterdrückt wurden –
seine Gnade hört niemals auf!
Er befreite uns von unseren Feinden –
seine Gnade hört niemals auf!
Allen Geschöpfen gibt er zu essen –
seine Gnade hört niemals auf!
Ja, dankt ihm, dem Gott, der im Himmel regiert –
seine Gnade hört niemals auf!

Diese Worte berühren mich jedes Mal aufs Neue. Fällt dir auf, dass die linke Spalte gewissermaßen einen holprigen, unebenen Weg beschreibt? Es ist nicht alles eitel Glück und Sonnenschein, es sind nicht nur gute Tage, die uns daran erinnern, dass Gottes Gnade niemals aufhört. Nein, dieser Gott, der Sonnenaufgänge malt und die Ozeane ausgießt, ist derselbe Schöpfer, der einen Weg durch das Rote Meer bahnte und den Pharao und seine Armeen darin ertrinken ließ. Er hat den Mond an den Himmel gehängt und den Sternen einen Namen gegeben, und er vergisst uns auch in unseren dunkelsten Nächten nicht. Seine Gnade hört niemals auf.

Nimm dir einen Moment (oder viele Momente) Zeit, um dir den Lauf deines Lebens auszumalen. Stell dir eine lange Linie von links nach rechts vor, die den Horizont deines Lebens beschreibt. Ganz links ist der Tag, an dem du geboren wurdest. Ganz rechts der heutige Tag. Lass nun dein Leben wie eine Filmrolle vor dir ablaufen – die besten und die schlimmsten Szenen.

Erstelle dazu eine Liste mit den „Schlagzeilen" deines Lebens. Du musst dabei nicht ins Detail gehen; notiere einfach ein paar Begriffe. Denke dabei an Menschen, die Teil deines Lebens sind oder waren, an Geburten und Todesfälle. Notiere wichtige Stationen mit Personen, die dich getragen oder auch verletzt haben. Erinnere dich an Beziehungen oder deine Ehe, an ihren Beginn oder ihr Ende. Jobs, die du bekommen, und solche, die du an den Nagel gehängt hast. Deinen beruflichen Werdegang und die Mentoren, die dich auf diesem Weg begleitet haben. Gesundheitliche Highlights, aber auch gravierende Probleme – auch solche, von denen vielleicht nur du und Gott wissen. Betrachte jedes Jahr deines Lebens und beschrifte deine Zeitachse bis zum heutigen Tag.

Und nun geh deine Schlagzeilen nacheinander durch, und verfasse einen Lobpreispsalm für einen Gott, dessen Gnade niemals aufhört.

Meine Version sieht so aus; sie entstand zu der Zeit, als ich bei *Starbucks* saß und Psalmen abschrieb:

Ich wurde am 24. Juli 1979 geboren,
sechs Tage nach dem errechneten Geburtstermin.
Seine Gnade hört niemals auf.
22 Monate später wurde mein Bruder geboren,
mein erster Freund und der
Sonnenschein meines Lebens.
Seine Gnade hört niemals auf.
Ich hatte in meinem Leben viele Lehrer,
einige, die mich mochten, andere,
die es nicht taten.
Seine Gnade hört niemals auf.

Ich wurde Lehrerin, mein Lebensziel.
Seine Gnade hört niemals auf.
Ich heiratete Robb am 22. Juli 2000.
Seine Gnade hört niemals auf.
Wir verloren unser erstes Kind
am Tag vor Thanksgiving,
als beim Ultraschall kein Herzschlag
mehr festzustellen war.
Seine Gnade hört niemals auf.
Mein erster Sohn wurde geboren.
Seine Gnade hört niemals auf.
Wir verloren ein zweites Kind
während der Schwangerschaft.
Seine Gnade hört niemals auf.
Mein jüngster Sohn wurde geboren.
Seine Gnade hört niemals auf.
Ich blieb zu Hause bei meinen kleinen Jungs,
wickelte sie, las ihnen Geschichten vor,
kochte Mittagessen, faltete Wäsche
und fühlte mich erschöpft.
Seine Gnade hört niemals auf.
Robb und ich hätten uns angesichts
der Herausforderungen
bei der Erziehung zweier Kleinkinder fast verloren.
Seine Gnade hört niemals auf.
Dann haben wir wieder zueinandergefunden.
Gerade noch rechtzeitig.
Seine Gnade hört niemals auf.
Dann starb er in meinen Armen.
Seine Gnade hört niemals auf.

Es war so lange so schwer und so traurig.

Seine Gnade hört niemals auf.

Gott wurde für mich so real, mein treuer Begleiter.
Ich konnte nicht genug von ihm bekommen.
Er ist alles, was ich je wollte.

Seine Gnade hört niemals auf.

Gott ist allen nahe, die verzweifelt sind;
er rettet die, die den Mut verloren haben.

Seine Gnade hört niemals auf.

In dem ursprünglichen Psalm und in meiner eigenen Version entdeckte ich etwas: Gottes Zeitskala geht immer weiter, aber vom Anfang bis zum Ende ändert sich nichts daran, dass er den Menschen, die zu ihm gehören, mit Barmherzigkeit begegnet. Ich wünschte, ich könnte mich jetzt zu dir setzen und mir von dir deine Zeitskala, deine Schlagwörter, deine Poesie vorlesen lassen. Seine Gnade und Liebe verbinden die Punkte deiner Lebensreise mit meiner.

Seine Gnade hört niemals auf.

Die besten Momente beim Lesen sind die, wenn du auf etwas stößt – einen Gedanken, ein Gefühl, eine bestimmte Sicht der Dinge –, wovon du gedacht hast, es ginge nur dir so. Aber da ist es, aufgeschrieben von jemand anderem, einem Menschen, dem du nie begegnet bist, vielleicht jemand, der schon lange tot ist. Und es ist, als strecke er eine Hand aus und ergreife die deine.

Alan Bennett, *The History Boys*

Kapitel 4

Wie kann das „Zukunft und Hoffnung“ sein?

Verstehen, was Gott versprochen hat

Als wir unser Haus betraten, schlug mir sofort der schreckliche Gestank entgegen. *Ekelhaft. Was ist denn das?* Ich grübelte kurz, was in der vergangenen Woche auf dem Speiseplan gestanden hatte und welche Essensreste noch im Kühlschrank lagen. Oder hatten die Kartoffeln angefangen zu faulen? Die alten Zwiebeln? Oder war das Hähnchen verdorben? (Wem machen wir eigentlich etwas vor, wenn wir Reste wegpacken? Wie mein Vater so schön sagt: „Wollen wir das jetzt wegwerfen oder wollen wir es in den Kühlschrank stellen und dann nächste Woche entsorgen?“)

Irgendetwas roch furchtbar.

Ich wechselte sofort in den Kommandomodus. „Bringt den Müll raus. Den gesamten Müll. Alles. Sofort.“

Alle Mülleimer wurden rausgebracht, der Kühlschrank wurde entleert und trotzdem ... Der Gestank blieb. So ein entsetzlicher Geruch. Man konnte ihn einfach nicht ignorieren.

Ratlos ging ich in den Keller, um mir eine Packung Eiscreme zu schnappen und mich ein bisschen abzuregen.

(Schoko-Minz-Eis, falls es dich interessiert.) Als ich von der untersten Treppenstufe trat, fand ich das Problem. Mein Fuß sank mit einem platschenden Geräusch in den Teppich ein.

Der Keller war überflutet. Der entsetzliche Gestank stammte von nassen Teppichen und Polstern, die aufgequollen und durchtränkt waren mit stehendem Wasser.

Na prima.

Ich rief unsere Versicherung an, um die Mühlen der Bürokratie zu unseren Gunsten zu beeinflussen. Dieser Rohrbruch oder die defekte Sprinkleranlage – was auch immer die Ursache für die Zerstörung meines Kellers war – würde mich nicht in den Ruin treiben.

Während ich in der Warteschleife des ersten von zahllosen Telefonaten hing, begann ich, das Gedankenspiel zu spielen, in das ich mich in Momenten wie diesen immer flüchte. Es heißt „Wenn mir irgendetwas daran gefallen würde ...“. Ich habe es von einem Kunstprofessor an der Uni gelernt, der diese Strategie anwandte, um Studenten beizubringen, wie man Kunst beurteilt. „Sie müssen dieses Bild nicht mögen, aber wenn Sie etwas daran mögen würden, was wäre das?“

Wenn mir an dieser Situation eines völlig zerstörten, überfluteten, müffelnden Kellers irgendetwas gefallen würde ...

... dann wäre es die Tatsache, dass der Boden unter all diesem Chaos aus Zement bestand und nicht aus Spanplatten, wie in so vielen Kellern in unserem Teil des Landes.

... dann wäre es die Tatsache, dass ich in der Woche zuvor auf die kleine Stimme in meinem Inneren gehört hatte, auf dieses leise Flüstern, das mir sagte: *Weißt du noch, all die Kisten mit Büchern von deinem Verlag, dein Bestand deiner Titel, die unten auf dem Boden stehen? Wie wäre es denn, wenn du sie an einen sichereren Ort bringen würdest?* (Und zum Glück hatte ich mehr getan, als nur darüber nachzudenken.)

... dann, dass dies eine gute Gelegenheit war, den Keller zu entrümpeln. Ich meine, es ist ernüchternd, sich durch die Unmengen an Wasserpistolen, Jahrbüchern aus den 1990ern (oder 1970ern, für eine der Personen in dieser Ehe), Weihnachtskränzen, Baseballbällen, Cowboyhüten, überholten College-Lehrbüchern, einen Vorrat an Weihnachtsgeschenkpapier und -bändern aus mindestens zehn Jahren, Bedienungsanleitungen für jedes Küchengerät, das wir je hatten – und für manche, die wir nie hatten –, und (Überraschung!) tatsächlich vier funktionstüchtige Posaunen hindurchzukämpfen. Also ja: Wenn mir etwas an diesem Chaos gefallen würde, dann wäre es, dass mir dadurch diese Gelegenheit geboten wurde, etwas zu tun, was ich nicht freiwillig getan hätte: aufzuräumen und auszusortieren.

... dann, dass ich versichert bin. In solchen Momenten ist die bittere Pille des monatlichen Beitrags leichter zu schlucken.

Doch dann meldete sich die Versicherung. Der Schaden ging nicht auf einen defekten Sprinkler oder ein geplatztes Rohr zurück. Er war das Ergebnis eines sintflutartigen Hagelsturms.

Ah ja. Ich erinnerte mich an diesen Hagelsturm. Die Jungs und ich hatten nach der Schule noch ein paar Besorgungen gemacht, als dieses Monster über uns hereinbrach. Ich war durch das Unwetter nach Hause gefahren. Tyler hatte auf meinem Handy ein Video von den Autos gemacht, die ins Schleudern gerieten, von dem Eis, das sich auf meiner Windschutzscheibe auftürmte, und von den „Pfützen", die unser Auto fast verschluckten. Ja, ich erinnerte mich noch sehr deutlich an diesen Sturm.

Während ich also über das Lenkrad gekauert versucht hatte, uns nach Hause zu bringen, bevor die Arche vorbeischipperte, waren die Fensterschächte übergelaufen, und das Wasser hatte sich in meinen Keller ergossen, sodass alles überschwemmt wurde. Außer den Posaunen.

Hier ist eine kleine Lektion in Sachen „Versicherung". Wusstest du Folgendes: Wenn die Ursache für ein solches „Unglück" nicht im Haus liegt, wenn nicht Leitungen oder Rohre oder Sprinkler fehlerhaft sind, wenn die Ursache wetterbedingt ist und das Ergebnis von Regenfällen biblischen Ausmaßes – wusstest du, dass die Hausratversicherung diesen Schaden normalerweise nicht abdeckt? Das musste ich zumindest an diesem Tag lernen.

Im Kleingedruckten war nämlich von „höherer Gewalt" die Rede oder bei uns im Amerikanischen: „an act of God – ein Akt Gottes".

Lass uns bei dieser Formulierung mal einen Moment innehalten. Denn diese spezielle Wortwahl hat meine beiden Teenager-Söhne in eine theologische Verwirrung gestürzt.

„Du willst also sagen", meinten sie, „dass Gott diesen Sturm zugelassen hat. Und er hat zugelassen, dass unser Keller überflutet wurde. Und er lässt zu, dass diese Versicherungsgesellschaft – die du jeden Monat bezahlst – sagt, sie müsse uns nicht helfen, weil das Ganze von vornherein Gottes Idee war?"

Nun, jede dieser Aussagen scheint wahr zu sein. Also, ja. Offensichtlich war es so abgelaufen.

Und weil die Versicherung nicht einsprang, blieb uns nichts anderes übrig, als uns selbst an die Arbeit zu machen. Es war eine gewaltige, beängstigende Aufgabe. Wir arbeiteten auf Händen und Knien, mit Arbeitshandschuhen und Industrieteppichschneidern, um dieses ganze Durcheinander in Streifen zu schneiden, die wir aufrollen und die Treppe hinauf und nach draußen tragen konnten. Wir waren durchnässt von Wasser und Schweiß. Der Teppich stank und wir stanken auch.

Und irgendwann während einer dieser schweißtreibenden, schwer bepackten Gänge die Treppe hinauf meinte mein Sohn Tucker: „Wie kann das ‚Zukunft und Hoffnung' sein?"

Er bezog sich damit auf Worte aus dem alttestamentlichen Buch Jeremia, Kapitel 29, Vers 11: „‚Denn ich weiß genau, welche Pläne ich für euch gefasst habe', spricht der Herr. ‚Mein Plan ist, euch Heil zu geben und kein Leid. Ich gebe euch Zukunft und Hoffnung.'"

Tuck hat mir diese Frage auch in anderen kritischen Momenten gestellt, in denen das Leben mehr als nur ein wenig ... herausfordernd war. Zum Beispiel einmal, als er aufgrund eines Asthmaanfalls in der Notaufnahme des Krankenhauses lag. Er hob die Sauerstoffmaske vom Gesicht und sagte: „Gott hat meine Lungen *so* gemacht? Wie kann das ‚Zukunft und Hoffnung' sein?"

An vielen Abenden versuchte er, nach dem Gutenachtgebet das Schlafengehen mit einer kleinen Unterhaltung hinauszuschieben, die mit einer ernsten Frage begann: „Gott hat zugelassen, dass mein Dad stirbt, bevor er sehen konnte, wie ich Baseball spiele. Er hätte ihn doch leben lassen können. Wie kann das ‚Zukunft und Hoffnung' sein?"

Jedes Mal habe ich versucht, seinen Fragen mit Antworten zu begegnen, die ich von anderen übernommen hatte. „Schatz, die Zukunft und die Hoffnung, von denen hier die

Rede ist, liegen noch vor uns. Gott spricht an dieser Stelle über das Leben *nach* diesem Leben. Die Hoffnung auf unsere Erlösung, die Verheißung unserer Zukunft mit ihm im Himmel. Die guten Dinge passieren nicht immer hier und jetzt, aber wir können trotzdem darauf vertrauen, dass dieser Vers wahr ist."

Doch an diesem Tag konnte ich sehen, dass meine Antwort ihm wenig Trost schenkte. Er schwieg, während er eine weitere riesige Ladung tropfenden Abfalls die Treppe hinaufschleppte.

Denn wenn man verschwitzt und stinkend nass ist, schenken Worte nur sehr wenig Trost.

Wenn wir uns irgendwelche Aussagen (und Regeln) aus der Bibel herauspicken, führt das zu schlechter Theologie. Es macht alles schwieriger und verwirrender. Manchmal denken wir uns sogar Beinahe-Bibelworte aus, die geradezu gefährlich sind.

Zum Beispiel dieses: „Hilf dir selbst, dann hilft dir Gott."

Wusstest du, dass das nicht in der Bibel steht? Es ist eines dieser Beinahe-Bibelworte, Beinahe-Wahrheiten, die so klingen, als könnten sie aus dem Buch der Sprüche stammen. Die Leute werfen damit um sich, als könnte man die Quelle tatsächlich mit Kapitel und Vers angeben.

Ein anderes Beispiel: „Gott wird dir nicht mehr zumuten, als du bewältigen kannst."*

---

* Vielleicht hast du in diesem Zusammenhang auch von Bibellehrern und wohlmeinenden Ratgebern einen Hinweis auf 1 Korinther 10,13 bekommen. Dort heißt es: „Doch Gott ist treu. Er wird die Prüfung nicht so stark werden lassen, dass ihr nicht mehr widerstehen könnt. Wenn ihr auf die Probe gestellt werdet, wird er euch eine Möglichkeit zeigen, trotzdem standzuhalten."

Dieser Vers verspricht, dass er uns eine Chance geben wird, den Dingen zu entfliehen, die uns in Versuchung führen, nicht, dass er uns nicht mehr zumuten wird, als wir ertragen können.

Oder: „Sauberkeit kommt gleich nach Gottesfurcht." Oder: „Gott hasst Feiglinge." Allesamt nicht wahr. Diese Sachen hat Gott nie gesagt.

Dann gibt es Aussagen, die zwar wahr sind, die wir aber gern als Waffen gegeneinander verwenden. Zum Beispiel: „Gott hasst Scheidung."[1] Ich meine: Ja, Gott möchte nicht, dass sich ein Paar scheiden lässt. Natürlich will er das nicht. Jeder, der schon einmal eine Scheidung durchgemacht hat oder dabei war, als eine Beziehung zerbrochen ist, weiß, wie zerstörerisch das ist. Eine Scheidung ist brutal und bitter und herzzerreißend. Aber ich frage mich manchmal, ob das Ende einer Ehe nicht auf die lange Liste mit Dingen gehört, die er hasst (die zutiefst seinen guten Absichten für uns widersprechen), weil sie etwas beschädigen, das er erschaffen hat. Manchmal tun wir aber so, als seien einige dieser Lebensregeln in Großbuchstaben geschrieben, als seien sie wichtiger als andere. Dahinter verbergen sich vielleicht gute Absichten, aber es trifft meiner Ansicht nach dennoch nicht zu.

Nicht nur Gott ist mächtiger und weiser als wir, auch die Bibel ist größer als wir. Zu jeder Geschichte und jedem Vers gibt es einen größeren Kontext und eine größere Geschichte. Oft missverstehen wir die Bibel als Ganzes, weil wir aus ihr ein Buch mit Klischees oder isoliert dastehenden Geschichten machen, die wir aus dem Zusammenhang reißen, weil wir versuchen, uns einen Reim aus dem zu machen, was wir erleben. Aber die Bibel hat einen inneren Zusammenhang, der sie so viel reicher und größer macht. Die Bibel geht über das hinaus, was wir damit zu erreichen versuchen, und obwohl Gott so gnädig ist, dadurch in unser Leben hineinzusprechen, sind wir Teil einer viel größeren Geschichte. Letztlich geht es in all diesen Aussagen und Geschichten und der Großartigkeit des Ganzen nur um eines – oder besser: um Einen – : um ihn.

Mitten im Chaos dieses überfluteten Kellers schlug ich das Buch auf, das ich gerade las: *Einfach unwiderstehlich* von Andy Stanley. (Oh, dieses Buch möchte ich jedem schenken, der eine Bibel besitzt oder auch nur eine einzige Frage dazu hat, wie das Alte Testament die Dinge sagen kann, die es sagt, wie es bedeuten kann, was es bedeutet, und ob es irgendeine Relevanz für uns heute hat).

Andy – und ich habe das Gefühl, dass ich ihn beim Vornamen nennen darf, weil ich das bei Schriftstellern und Leuten, von denen ich so viel gelernt habe, gern tue –, Andy hat mir geholfen. Er hat mir geholfen zu verstehen, dass die Bibel zwar inspiriert und vom ersten bis zum letzten Wort wahr ist, dass aber nicht alles, was darin steht, gleichermaßen für uns heute verbindlich ist.

Eines der Dinge, die ich von Andy gelernt habe, ist, dass „Testament" (wie in Altes Testament und Neues Testament) „Bund" bedeutet – was wiederum bedeutet, dass die Bibel aus einem Alten Bund und einem Neuen Bund besteht. Andy schreibt: „Die Tatsache, dass jemand den Alten Bund zusammen mit dem Neuen Bund in einem garantiert echten Ledereinband veröffentlicht hat, bedeutet nicht, dass wir sie beide auf dieselbe Weise behandeln oder anwenden sollten. Die ganze Bibel ist Gottes Wort ... für *jemanden*. Aber sie ist nicht Gottes Wort für *jeden*."[2]

Ich will nicht behaupten, dass mir nie jemand diesen Unterschied zwischen den beiden Teilen der Bibel erklärt hätte. Aber ich kann sagen, dass mir das erst in dieser Klarheit eingeleuchtet hat, als ich bereits im vierten Jahrzehnt meines Lebens und

Lernens stand. (Und mit „viertes Jahrzehnt“ meine ich meine Vierzigerjahre, was, wie ich weiß, technisch gesehen das fünfte Jahrzehnt ist, aber bitte sei ein bisschen nachsichtig, ja?)

Das könnte auch der Grund sein, warum du das Alte Testament vielleicht stellenweise schwierig oder verwirrend oder seltsam findest. Es ist eben nicht dein Bund. Du solltest es dennoch lesen, um zu erfahren, wie der Bund zustande gekommen ist, den wir jetzt haben. Oder noch besser: Lies es, um den Neuen Bund und die Neue Verheißung besser zu verstehen und auch die Tatsache, dass wir unsere Burger nicht ohne Käse essen müssen[3], dass wir die Klopapierrolle nach Bedarf wechseln können – sogar sonntags[4] – und dass wir Baumwoll-Leinen-Mischgewebe tragen dürfen.[5] Und vor allem solltest du es lesen, um dich mit dem Mysterium und der Majestät eines Gottes auseinanderzusetzen, der sich danach sehnte, eine Beziehung zu seinem Volk einzugehen, und welche Trauer und welchen Schmerz er empfand, als dieses Volk der Beziehung den Rücken kehrte.

Aber die Auswirkungen auf dein Leben sind nicht ganz so einfach zu verstehen. Es geht nicht darum, einfach ein Bibelwort wörtlich zu nehmen und es anzuwenden, ohne den größeren Kontext zu beachten. Wie Teresa Swanstrom Anderson bemerkt: „Die Bibel wurde für uns geschrieben, aber sie wurde nicht *an* uns geschrieben.“[6]

Und die Worte des Alten Bundes trafen in diesem Augenblick noch nicht einmal unbedingt auf die Israeliten selbst zu. Die Verheißung in Jeremia 29,11 galt ihnen nicht unmittelbar; ihre Zukunft und ihre Hoffnung würden erst 70 Jahre später Wirklichkeit werden. In den dazwischen liegenden Jahrzehnten würden die meisten derer, die auf die Erfüllung dieser

Verheißung warteten, sterben, und diejenigen, die die lange Wartezeit überlebten, würden Exil, Trennung, Trauer und Leid in einem Ausmaß erleben, das wir uns nicht vorstellen können. (Oder ihren Schmerz, den sich einige von uns vielleicht vorstellen können – aber in Anbetracht der Aussicht, dass er 70 Jahre anhalten würde, ist die Aussage ... nicht sehr hoffnungsvoll.)

Mit diesem neuen Verständnis im Kielwasser unserer persönlichen Überschwemmung freute ich mich darauf, meine neu erworbene Weisheit am nächsten Abend am Esstisch zur Sprache zu bringen. „Tuck! Du glaubst nicht, was ich gelernt habe! Du hast mich nach diesem Vers gefragt, in dem von Gottes Verheißung von Hoffnung und Zukunft die Rede ist – und ich habe gelernt, dass diese Verheißung gar nicht uns gilt. Das war sein Versprechen an die Israeliten, nicht an uns."

Ich sah ihn erwartungsvoll an und wartete darauf, dass ihm ein Licht aufgehen würde. Er war von dieser Entdeckung und Unterscheidung nicht ganz so begeistert wie ich. Betreten und mit tonloser Stimme sagte er: „Okay, dann hätte ich aber lieber ihr Versprechen als das, was wir im Neuen Testament finden."

Was dieser Junge da sagte, hatte etwas für sich – und warf eine weitere gute Frage auf.

Die Verheißungen des Alten Testaments klingen oft viel anziehender als die Verheißungen des Neuen Testaments. Ich meine, es hat schon einen Grund, warum alle christlich geprägten Etsy-Shops jedes Frühjahr mit Aufklebern, Schildern und Lesezeichen überschwemmt werden, auf denen Jeremia 29,11 steht. Diese Worte – aus dem Zusammenhang gerissen – klingen viel schöner und hoffnungsvoller als die Verheißungen in der zweiten Hälfte der Bibel, wo es heißt: „Hier auf der Erde werdet ihr viel Schweres erleben. Aber habt Mut, denn ich habe die Welt überwunden.“[7]

Habt Mut! Es ist schwer, Mut zu fassen, während du versuchst, nicht durchzudrehen, weil in deiner Welt so viel schiefläuft – sei es, dass der Keller überflutet ist, oder wegen weitaus größerer Probleme wie etwa dem Tod eines Menschen. „Hab Mut“ ist jedenfalls nicht mein Motto. Ist dieses Evangelium wirklich eine gute Nachricht? Will ich die mir geltende Verheißung tatsächlich haben?

Diese Fragen gehen ans Eingemachte. Mein Sohn gab mir den Anstoß, nach Antworten zu suchen. Er wollte die Sache nicht auf sich beruhen lassen, er wollte die Wahrheit. (Wenn du deine Kinder mit der Bibel vertraut machst, werden sie sie mit ziemlicher Sicherheit auch mal gegen dich verwenden.)

Wir können für die neue Verheißung – *unsere* Verheißung – dankbar sein, denn sie verlangt nicht, dass jedes Mal, wenn wir etwas Falsches tun, ein Haustier sterben muss. Jetzt können wir Gott einfach ehrlich um Vergebung bitten. Zur Zeit des Alten Testaments hingegen musste man jedes Mal, wenn man ein Gesetz brach, etwas töten oder verbrennen.

Der neue Bund ist ein Versprechen an den Einzelnen, der sich dafür entscheidet, Jesus Christus zu folgen – es gilt nicht einem ganzen Volk. Das bedeutet, dass ich eine Entscheidung treffen kann und muss. Ich kann selbst mit Gott sprechen und bin nicht von Priestern und generationenalten Regeln abhängig. Die Verheißungen, die wir im Alten Testament finden, sind nicht an uns gerichtet, aber „unsere“ Verheißungen sind besser. Wie sagt Andy das so schön: „Sie mögen nicht so vielversprechend sein, aber es sind bessere Verheißungen.“[8]

Als Jesus den Alten Bund durch den Neuen ersetzte, ersetzte er 600 und ein paar zerquetschte Gesetze durch ein einziges: *Liebe*. „So wie ich euch geliebt habe, sollt auch ihr einander lieben."[9] In der Tat ist das Einzige, was jetzt zählt, der Glaube, der sich in Form von Liebe zeigt.[10]

Wenn ich mit Jesus unterwegs bin, lerne ich auch den Heiligen Geist kennen, den Geist Gottes, der in mir lebt. Niemand kann die privatesten Gedanken eines Menschen kennen, außer der Person, die sie denkt. Niemand kann die Gedanken Gottes kennen, außer Gott selbst. Aber jetzt pass auf: Der Heilige Geist, der die Gedanken Gottes kennt, ist in mir gegenwärtig. Er ist ein Geschenk, das ich erhielt, als ich beschloss, diesen Jesus kennenzulernen und ein Leben zu führen, das ihm gefällt. Der Heilige Geist kann mich an den Gedanken und Einsichten Gottes teilhaben lassen. *Ich kann diesen Gott kennenlernen.*

Wenn wir versuchen, die Bibel in Schubladen zu stecken, die zu unserem Leben und unserer Geschichte passen, vergessen wir, dass wir es hier mit einer Geschichte zu tun haben, die viel größer und umfassender und facettenreicher ist, als wir uns auch nur vorstellen können. Wenn wir an Klischees und Formeln festhalten, die wir nach Belieben der Bibel entnehmen, und wenn wir bestimmte Verse nur verkürzt und aus dem Kontext gerissen gelten lassen, könnte uns der Reichtum dessen entgehen, was Gott tatsächlich getan hat.

Dieser Gott ist für alle da.

Für jeden Menschen.

Für alle Menschen.

Für jeden, der gern dabei sein möchte.

Wir können diesen Gott kennenlernen.

Ein paar Ideen für deinen Alltag

Wir haben das Privileg, die Bibel in ihrer Gesamtheit in Händen zu halten. Aber die ersten Leserinnen und Leser hatten diese „Bibel“ noch nicht. Sie hatten immer nur ein Buch. Ein Evangelium. Einen Brief. Sie mussten die Informationen in dem Kontext lesen, in dem sie ihnen gegeben wurden, und das verlieren wir manchmal aus den Augen.

Wenn Paulus einen Brief an eine Gemeinde in Galatien schrieb (einer von Paulus' Briefen im Neuen Testament), konnte man dort nicht mal schnell die Offenbarung (Johannes' gottgeschenkte Vision vom Ende der Zeit) aufschlagen, um den Galaterbrief besser zu verstehen, denn die Offenbarung war damals noch gar nicht geschrieben. Die Gemeinden in Galatien konnten nicht einmal Paulus' Briefe an andere Gemeinden zurate ziehen, um das zu verstehen, was er in seinem Brief an sie sagte.

Trent Hunter und Stephen Wellum erinnern uns im Hinblick auf die Bibel an etwas Wichtiges: „Die Bibel ist ein umfangreiches Buch und Woche für Woche predigen Pastoren über verschiedene Abschnitte daraus. So gewöhnen wir uns daran, Teile der Schrift zu betreten und wieder zu verlassen, ohne den Kontext der Bücher zu berücksichtigen, in denen sie zu finden sind, geschweige denn ihren Platz im Rest der biblischen Geschichte ... Aber dieses Vorgehen kann ... dazu führen, dass wir immer stärker Abschnitte nur isoliert lesen.“[11] Die lateinische Vorsilbe *con* bedeutet „mit-“ oder „zusammen“, „Kontext“ bedeutet also „zusammen mit dem umgebenden Text“.

Es ist daher wichtig, dass wir nachforschen: Wer hat das gesagt? Wann? Der Kontext ist absolut entscheidend für das

Verständnis der Schrift, und im Hinblick auf die Bibel gibt es mehrere Kontexte, die es zu berücksichtigen gilt: den historischen Kontext, den kulturellen Kontext und den literarischen Kontext. Das ist wichtig.

Deshalb besteht eine der besten Methoden des Bibellesens – nicht die einzige, aber eine der meiner Meinung nach besten – darin, die Bibel Buch für Buch zu studieren. So wurde die Bibel verfasst, und wenn wir ein Buch nach dem anderen lesen, können wir den gesamten Inhalt im Kontext lesen. Wenn du nicht weiterkommst, dann greif einfach auf Online-Kommentare, Wörterbücher und andere Hilfsmittel zurück, um den vollständigen Kontext des gelesenen Abschnitts zu erfassen.

Die persönliche Bibellektüre sollte eine gewisse Power haben. Wenn man etwas nicht versteht, ist es nicht schlimm, einen Kommentar aus dem Regal zu nehmen, um den Text besser zu begreifen.

D. A. Carson
in: *How to Study the Bible: 9 Tips from Top Bible Teachers*

Kapitel 5

Nach dem Erdbeben

Auseinandernehmen und wieder neu aufbauen

Als meine Jungs noch klein waren, waren Legos für sie das Größte. Die Sonne ging auf und wieder unter und beschien dazwischen ihre neuen Lego-Kreationen, die auf dem Boden, dem Couchtisch, in der Badewanne und manchmal sogar in meinem Kopfkissenbezug steckten. Meine Söhne waren wahre Weltmeister im Lego-Bauen.

Ich weiß noch, wie es war, wenn sie etwas Großes, Hohes und Geniales gebaut hatten, eine Kreation, die sie sich selbst ausgedacht hatte. „Guck mal, Mama! Guck mal, wie riesig und toll mein ... [Raumschiff, Turm, meine Burg usw.] ist!“ Und dann bekam Molly, unser schokofarbener Labrador, die Begeisterung in ihren Stimmen mit. Sie lief aufgeregt herum und wedelte mit dem Schwanz und das gesamte Bauwerk geriet ins Wanken. Panik brach aus, als die Jungs herbeistürmten, um das Ganze zu reparieren.

Weil ich älter und weiser war, sagte ich dann vielleicht so etwas wie: „Hey, Schatz, was wäre, wenn du ...“, oder: „Vielleicht solltest du ...“, aber mein kleiner Baumeister protestierte dann immer: „Nein, Mama! Nicht anfassen! Das hab ich gebaut! *Nicht anfassen!*“

„Aber es wird einstürzen, Schatz.“

„Das ist Absicht – es soll so aussehen, Mama. Fass es nicht an!“

„Ich werde es ja nicht anfassen. Ich mache bloß einen Vorschlag. Wenn du hier drüben eine breitere Basis einbauen oder da hinten einige Säulen hinzufügen würdest …“ Was ich damit aber eigentlich zu verstehen gab, war: „Wenn du bereit bist, das hier abzureißen und ein stabileres Fundament zu bauen, wird es später noch besser sein.“

Wenn man sich manchmal genauer anschaut, was die „Dinge“ zusammenhält, bemerkt man, wo es ein bisschen wackelt oder dass hier Stützpfeiler fehlen und dort Teile nicht ganz zusammenpassen. Manchmal macht ein Wiederaufbau das ganze Gefüge eben stabiler.

Manchmal müssen wir niederreißen, um wiederaufzubauen.

Um alle meine Glaubensüberzeugungen unterzubringen, habe auch ich so einige wackelige Strukturen errichtet. Na ja, ich fand, dass sie von außen gut aussahen, aber im Grunde hatte ich bloß ein Kartenhaus, das vermutlich beim ersten Windstoß zusammenfallen würden. Ich konnte die Schwachstellen in meiner Konstruktion nicht sehen, aber wenn jemand das, was ich aufgebaut hatte, infrage stellte, fühlte ich mich schrecklich. *Wenn das hier nicht solide ist, wenn es mir unter den Füßen wegbricht, was habe ich dann die ganze Zeit über eigentlich errichtet?*

Schaue dir zum Beispiel die Landkarte meines Lebens an, die ich gezeichnet hatte.

Ich hatte einen soliden Start in den christlichen Glauben – ich „bat Jesus in mein Herz“, als ich drei Jahre alt war. Ich besuchte treu eine große und beeindruckende Gemeinde und wurde Leiterin in meiner Jugendgruppe. Sechsmal in Folge war ich im Sommer auf einem Missionseinsatz, während meines Studiums war ich jeden Sommer Betreuerin in einem Zeltlager, und ich blieb auf dem geraden, dem schmalen Pfad. (Alkohol und Drogen, nein danke. Ich war ein braves Mädchen.) Ich war ehrlich und gehorsam, lernte Bibelverse auswendig und verarbeitete meine Gefühle in meinem Tagebuch. Ich gab zehn Prozent meines Geldes an Gott ab und an meinem Hochzeitstag war ich noch Jungfrau. (Also, an meinem *ersten* Hochzeitstag.)

Als ich 30 wurde und alles wie geplant lief, dachte ich, Gott hätte mir genau das Leben geschenkt, um das ich gebeten hatte. Ich dachte tatsächlich, ich hätte mir durch mein frommes Leben seine Gunst erworben – das Erreichte sei eine Belohnung für meine drei Jahrzehnte des Gehorsams. Ich dachte, er sei so gütig zu mir gewesen, weil er mich so sehr liebte. Schließlich ist er ein guter, liebender Vater, deshalb werden denen, die ihn lieben, alle Dinge zum Besten dienen.

Super gemacht!, dachte ich.

Gehorche Gott, und er schenkt dir das Leben, nach dem du dich sehnst. Dachte ich jedenfalls. Und als ich das Ganze dann noch mit einer Zuckerguss-Theologie der Gnade überzog, um etwaige Fehler in meinen Berechnungen zu überdecken, hatte ich eine Formel dafür gefunden, wie man sich Gottes Wohlwollen und Treue sichert.

Es ging nicht darum, dass ich dachte, A + B = C. Ich hatte mir sogar eine Art komplexe algebraische Formel ausgedacht, bei der man, wenn man alle Faktoren berücksichtigt …

GS = Guter Start
GB = Gemeindebesuch
JG = Jugendgruppe
ME = Missionseinsatz
SP = Schmaler Pfad
E = Ehrlichkeit
Gh = Gehorsam
J = Jungfrau am Hochzeitstag
BA = Bibeltexte auswendig lernen
Z = Zehnten geben
G = Gnade
E = Entschieden für Jesus
T = Tagebuch schreiben

$$WT = 10\left(\frac{J\left(\left[GS + (GB^{E} + JG)^{ME^{4}}\right] + [SP\,(BA + T)]^{EGh}\right)}{Z}\right)^{G}$$

als Ergebnis WT erhält = Wohlwollen und Treue.

Leute!

Ein solches Leben ist wahnsinnig schwierig. Wenn auch nur ein einziger Faktor ein bisschen danebenliegt, ist die Formel für Treue und Wohlwollen futsch.

Und außerdem ist das Gesetzlichkeit. Gesetzlichkeit ist die persönliche Hölle, die wir uns selbst erschaffen, wenn wir uns zu sehr auf moralische Gesetze, Regeln und Formeln verlassen. Gesetzlichkeit ist das, was wir bekommen, wenn wir eine freundliche Einladung in eine Checkliste mit Regeln verwandeln, die wir einhalten und befolgen müssen.

Ich bin erschöpft, wenn ich mir meine persönliche Formel nur anschaue! Kein Wunder, dass ich von meinen Bemühungen, entsprechend zu leben, völlig erschöpft war. Ich habe wirklich versucht, alles zu tun – mich an das Recht zu halten, liebevoll und barmherzig mit anderen umzugehen und mein Leben demütig vor Gott zu führen[1] und all die anderen Dinge, die er von mir verlangt hat.

Aber mein Versuch, alles richtig zu machen, hat sich für mich schlussendlich nicht „gelohnt" – weil ich die Bibel und weil ich vor allem *Gott* missverstanden hatte. Meine Formel für göttliches Wohlwollen löste sich am Ende in Wohlgefallen auf. Robb starb und ich war am Boden zerstört – restlos. An dem Morgen, an dem Robb starb, kam es zu einem Erdbeben, das meine Seele erschütterte. Mein schön geordnetes Lebenshaus brach in sich zusammen.

Im Nachgang von großen Erdbeben kommt es oft zu kleineren Erschütterungen, von Seismologen als „Nachbeben" bezeichnet. Nachbeben können genauso gefährlich sein wie das ursprüngliche Erdbeben, weil sie unvorhersehbar sind und länger anhalten. Das Schlimmste daran ist, dass sie noch Wochen, Monate und sogar Jahrzehnte nach dem Hauptbeben auftreten können. Im Allgemeinen gilt: Je stärker das Hauptbeben, desto stärker und zahlreicher sind die Nachbeben und desto länger dauern sie an. Das ist zutiefst beunruhigend.

Dekonstruktion – das passiert bei spirituellen Nachbeben, wenn unsere vermeintlichen Gewissheiten mit der scheinbar widersprüchlichen Realität zusammenprallen. Dekonstruktion wirkt bedrohlich und beängstigend, und das Problem ist, dass viele von uns in Beziehungen und Gemeinschaften leben, in denen der Gedanke, kritische Fragen zu stellen, ebenfalls bedrohlich sein kann. Wir verschließen uns dem Dialog, als wäre unser Glaube ein Kartenhaus. Als ob unsere Fragen Gott aus dem Konzept bringen würden. Unsere Welt bebt, aber wir versuchen, das zu ignorieren.

Aber wenn wir bereit sind, uns auf diese Art der Dekonstruktion einzulassen – wenn wir das, was wir glauben, einer ehrlichen Prüfung unterziehen –, gehört dazu, dass wir unsere Annahmen über Gott auseinandernehmen. Vielleicht passen ja alle Teile zusammen, nur auf andere Weise; vielleicht fehlen uns aber auch Teile oder wir haben von vornherein die falschen Teile genommen. Jemand, der sich in einem solchen Umbruch befindet, sagt vielleicht: „Ich glaube nicht länger das, was ich früher geglaubt habe, aber ich versuche gerade herauszufinden, welche Teile meines Glaubens wirklich zu meinem Lebensfundament gehören."

Dieser Prozess ist für mich besonders beunruhigend, wenn jemand ihn durchläuft, bei dem ich gelernt oder studiert habe, oder jemandem, der mir nahestehe – eine Freundin oder eine Mentorin. Ich ertappe mich dabei, dass ich dann denke: *Du hast mir echte Offenbarungen geschenkt. Du hast mich zu einigen Ankerpunkten meines Glaubens geführt. Was soll ich denn tun, wenn du sie jetzt zerlegst? Wenn du sie auseinandernimmst, dann kommt es mir so vor, als würdest du mich auseinandernehmen*. Es fühlt sich so an, als würde mein Fundament erschüttert. Und vielleicht wird es das auch.

Aber die Wahrheit ist: Ein Glaube, der statisch und unbeweglich ist, lässt Gott keinen Raum, der zu sein, der er ist. Wir sind nicht allwissend. Einiges von dem, was uns vermittelt wurde oder was wir geglaubt haben, könnte uns sehr wohl von Gott wegführen, anstatt uns ihm näherzubringen. Neben dem beängstigenden Chaos gibt es auch eine tiefere Realität: Wir müssen auseinandernehmen, damit unser Glaube wachsen kann.

Wenn die Lego-Türme meiner Jungs einzustürzen drohten, hatte ich ein paar Vorschläge für meine jungen Baumeister parat. Im Wesentlichen sagte ich: „Wenn ihr bereit seid, das zu dekonstruieren“ – nun, vielleicht habe ich einfachere Wörter gebraucht, die sie kannten, wie „abbauen“ oder „auseinandernehmen“ – „und ein stabileres Fundament zu errichten, wird euer Kunstwerk später noch besser sein. Ich besitze ein bisschen mehr Lebenserfahrung und daher weiß ich ein bisschen Bescheid. Du brauchst bloß noch dieses oder jenes Teil.“

Und bei Gott ist das ähnlich. Er flüstert mir in seiner Größe und Majestät zu: „Trish, es ist in Ordnung. Was du hast, ist sehr schön. Ich bitte dich nur darum, das, was du anschließend noch über mich gelernt hast, hinzuzunehmen und dein Fundament zu renovieren.“

Auf geheimnisvolle und wunderbare Weise ist die Bibel unser bester Begleiter und Wegweiser in diesem Chaos. Sie enthält unzählige Geschichten von Menschen, die immer wieder schwierige Fragen stellen, und Gott begegnet ihnen darin. Meine Güte, das gesamte Buch Hiob ist ein einziger Prozess, in dem ein Mann seinen Glauben prüft und knallharte Fragen stellt. Er stellt Fragen über Gott und das Leid, über die Bibelgelehrte und auch Laien seit Jahrhunderten staunen. Hiobs Freunde weigern sich, von ihren vorgefassten Meinungen über Gott und sein Handeln in Zeiten tiefsten Leids abzurücken. Aber Gott segnet Hiob dafür, dass er sich mit seinen tiefsten Fragen auseinandersetzt, anstatt klischeehafte, simple Antworten zu akzeptieren.

Aber das macht die Schönheit der Bibel aus: Manchmal finden wir darin die Antworten, die wir suchen – selbst wenn sie nicht so schwarz-weiß sind, wie wir uns das wünschen oder erhoffen. Gott beantwortet nicht jede Frage, aber er offenbart in seinem Wort nach und nach tiefere Wahrheiten über sich selbst und sein Wirken. Wenn wir anfangen, wirklich darin einzutauchen, wenn wir nach und nach immer mehr Puzzleteile finden, können wir sehen, dass jede von Hiobs Fragen durch die Gegenwart, die Existenz und das Leben von Jesus beantwortet wird.

- Hiob ruft: „Gibt es jemanden, der mir helfen kann, mich Gott zu nähern? Gäbe es doch nur einen Vermittler, jemanden, der uns zusammenbringen könnte."[2]
  Paulus antwortet in seinem Brief an Timotheus: „Es gibt nur einen Vermittler zwischen Gott und den Menschen: Das ist Christus Jesus, der Mensch geworden ist."[3]
- Hiob fragt: „Gibt es ein Leben nach dem Tod? Wenn mir das jemand sagen könnte, würde mir das Hoffnung für meinen Kampf geben, und ich würde die Erlösung durch den Tod sehnlichst erwarten."[4]
  Martha stellt ähnliche Fragen, als ihr Bruder stirbt, und Jesus sagt ihr: „Ich bin die Auferstehung und das Leben. Wer an mich glaubt, wird leben, auch wenn er stirbt."[5]
- Hiob fragt: „Gibt es einen, der Vollmacht hat und auf meiner Seite ist? Gibt es jemanden, der Zugang zu Gott hat, der mich vertreten könnte?"[6]
  Die Antwort finden wir im Hebräerbrief: „Denn Christus ging in den Himmel selbst, um nun für uns vor Gott einzutreten."[7]
- Als Hiob fragt: „Gibt es einen, der uns retten kann?"[8], antwortete er diesmal im Wesentlichen selbst auf seine eigene Frage: „Was mich betrifft: Ich weiß, dass mein Erlöser lebt und auf dieser Erde das letzte Wort haben wird."[9] Auch wenn er in diesem Moment Gottes Gunst nicht sehen kann,

beschließt er, darauf zu vertrauen, dass Gott letztlich auf seiner Seite ist.
Und diese Antwort finden wir später in der Bibel: „Jesus ... bleibt für immer Priester; sein Priestertum wird nie enden. Deshalb kann er auch für immer alle retten, die durch ihn zu Gott kommen. Er lebt ewig und wird vor Gott für sie eintreten.“[10]

Wenn wir die Bibel lesen, wenn wir beginnen, das große Ganze zu sehen und zu verstehen, dass wir nicht nur unzusammenhängende Fragmente betrachten, dann fangen wir auch an, die einzelnen Teile zusammenzufügen. Und wir erkennen: *Warte mal: Ich habe etwas geglaubt, was Jesus nie wirklich gesagt hat, oder ich wusste nicht, dass die Antwort schon da war.* Auf dem schwankenden Boden der Dekonstruktion, des Abreißens und Neuerrichtens ist die Bibel ein Fels, auf dem wir wirklich bauen können.

Wir alle erleben Zeiten, in denen wir unseren Glauben gewissermaßen zerlegen müssen, um ihn wieder neu aufzubauen. Das ist etwas ganz Normales. Wenn wir unsere Überzeugungen nicht hin und wieder hinterfragen, bleiben wir nicht „beweglich“. Es gibt jede Menge Dinge, die uns erschüttern können: das Ende einer Beziehung, von der wir dachten, der oder die andere sei der oder die „Richtige“, der Verlust unseres Arbeitsplatzes, der uns voller Fragen und mit einem Haufen Rechnungen zurücklässt. Unser Fundament kann durch Fragen erschüttert werden, die aus unserer Unsicherheit erwachsen *(„Was ist, wenn ich nicht das Zeug dazu habe?“)*, aus unserer Angst *(„Was ist, wenn ich das verliere, was mich ausgemacht hat?“)* und aus unserem Stolz *(„Was ist, wenn ich falschliege?“)*.

Doch nichts fordert unseren Glauben so plötzlich und so heftig heraus wie eine Krise, die uns „kalt erwischt". Wir machen Erfahrungen, die uns daran zweifeln lassen, dass Gott uns wirklich liebt oder immer für uns da ist. Unser Lebenspuzzle löst sich in seine Bestandteile auf, und wir müssen versuchen, es wieder zusammenzusetzen.

Wenn es zu solch großen Erschütterungen kommt, beginnen wir, Fragen zu stellen. Fragen wie: *„Habe ich etwas falsch gemacht? Bestraft Gott mich? Ist hier der Feind im Spiel, der mich angreift? Soll mich diese Erfahrung vielleicht darauf vorbereiten, anderen mit mehr Liebe und Nachsicht zu begegnen? Wurde ich so wie Hiob speziell für diese Prüfung auserwählt? Trage ich die Schuld daran, dass Gott mich auf die Probe stellt? Oder ist das etwas, das eben so passiert?"*

Wenn dir jemand auf eine dieser Fragen eine todsichere Antwort gibt, wenn diese Person sich so sicher ist, dass sie aufgehört hat, unbequeme Fragen zu stellen, dann solltest du misstrauisch werden. Selbst in den besten Antworten, die ich zum Thema „Leid" finden kann, kommt immer irgendwo das Wörtchen „vielleicht" vor.

Habe ich etwas falsch gemacht? Vielleicht. Du könntest damit anfangen, dass du bekennst, wo du schuldig geworden bist, aber versuche nicht, ein „Vergehen" zu erfinden, wenn Gott dir nicht deutlich zeigt, was du falsch gemacht hast. Meiner Erfahrung nach ist es mir sehr wohl bewusst, wenn ich etwas Falsches getan habe. Ich kann mich eine Zeit lang selbst belügen, aber am Ende weiß ich es genau, denn Gott führt mir meine Schuld auf die eine oder andere Weise vor Augen.

Ist das ein geistlicher Angriff? Vielleicht. Du kannst Gott bitten, dir Kraft zu schenken und dich zu schützen. Ich habe die

Erfahrung gemacht, dass er mich in solchen Situationen auf eine Weise rettet, die ich nicht erwartet hatte. Nicht immer bedeutet das, dass der Sturm vorüberzieht; manchmal bedeutet es eben auch, dass er jemanden mit einer Taschenlampe und einem Regenschirm vorbeischickt.

Soll mich diese Erfahrung vielleicht darauf vorbereiten, anderen mit mehr Liebe und Nachsicht zu begegnen? Vielleicht. Du kannst Gott bitten, dir zu zeigen, wo andere genauso leiden wie du. Aber das bedeutet nicht unbedingt, dass dein Verlust der Startschuss zu einer neuen Aufgabe für dich werden muss.

Wurde ich so wie Hiob speziell für diese Prüfung auserwählt? Vielleicht. Nimm Hilfe von Personen an, die du liebst, und vertraue wie Hiob darauf, dass Gott auf deiner Seite ist. Entscheide dich bewusst dafür, ihm weiter zu vertrauen.

Bin ich dafür verantwortlich? Vielleicht. Aber wir leben in einer gefallenen Welt, in der es Gut und Böse gibt. Eines Tages wird das Leid ein Ende haben, aber im Moment müssen wir damit leben. Zieh dich nicht von Gott zurück, weil du dem Schmerz aus dem Weg gehen willst. Gott wird dich nicht im Stich lassen – aber der Schmerz wird auch nicht unbedingt verschwinden. Bleib dran an deinen Fragen.

Das 11. Kapitel des Hebräerbriefs, das viele auch als die „Ruhmeshalle des Glaubens" bezeichnen, beschreibt, wie die unterschiedlichsten Menschen, die Gott folgten, an ihrem Vertrauen festhalten mussten – auch wenn das, was ihnen zustieß, keinen Sinn ergab. Der Verfasser sagt im Wesentlichen, dass diese Personen das, worauf sie ihre Hoffnung gesetzt hatten, selbst dann noch nicht erhalten hatten, als sie starben – doch sie hatten ihr Leben auf eine Heimat ausgerichtet, die sich an einem anderen Ort befand. Sie hatten ihren Blick auf etwas gerichtet, das hier auf der Erde nicht Wirklichkeit werden würde. Und in dieser Spannung zwischen Erleben und Hoffen beschlossen sie, an Gott festzuhalten.

Und wir dürfen ihrem Vorbild folgen. Bei all den Umbrüchen, wenn wir das Gefühl haben, dass das Fundament unter unseren Füßen schwankt, und wir das Geschehene einfach nicht verstehen, dürfen wir uns an Gott klammern. Wenn wir das tun, wird unser Glaube wachsen. Er wird jedoch nicht wachsen, wenn wir uns mit bequemen Antworten zufriedengeben, geistlich stillstehen und den Status quo beibehalten. Wenn wir nicht bereit sind, die schwierigen Fragen zu stellen – und wenn wir nicht bereit sind, uns mit Menschen zusammenzusetzen, die mutig genug sind, diese zu stellen –, dann bleibt unser Glaube oberflächlich und letztlich angreifbar.

Wenn du dich in einem solchen Umbruch befindest, dann suche dir jemanden, der dich in diesem Prozess begleiten kann. Finde möglichst mehrere Personen. Suche dir erfahrene Mentoren, christliche Beraterinnen, Menschen, die dich lieben und die Gott lieben. Schütte Gott dein Herz aus, lies weiter regelmäßig in der Bibel, und setze dich nicht unter Zeitdruck. Suche dir jeweils ein Buch der Bibel aus, lies es, lies es erneut und lies es noch einmal. Lies es in jeder Übersetzung, die deine Bibel-App anbietet. Lies die Fußnoten, Kommentare und Querverweise. Wenn du dir immer nur ein paar Seiten vornimmst, wenn du darin eintauchst und dich immer wieder in sie vertiefst, dann werden sich die Antworten herauskristallisieren.

Als ich mich in diesem Prozess des Umbruchs befand, hatte ich eine Gruppe von Frauen um mich, die mir sehr nahestanden, und auch meine Familie unterstützte mich – selbst wenn ich ihnen ein bisschen Angst einjagte. Ich glaube, manchmal machten sie sich Sorgen über meine Entscheidungen, über die Fragen, die ich stellte, und darüber, dass ich mir die Freiheit nahm, zu fragen, zu machen und zu fühlen. Sie dachten wahrscheinlich: *Wer ist diese Person? Wir konnten ihr bisher immer vertrauen. Was ist, wenn sie es übertreibt und alle Überzeugungen über Bord wirft?* Aber ich brauchte diese Phase. *Lasst mich in Ruhe und lasst mich wachsen.* Sie blieben an meiner Seite und stellten mir Fragen, und damit hielten sie gewissermaßen die Schnur meines Drachens fest und ließen nicht zu, dass ich wegflog.

Die schwierigen Fragen sind nicht unlösbar. Manchmal führen sie uns zu weiteren Fragen, die uns dann wiederum zu Antworten führen. Wenn wir an irgendwelchen Rezepten festhalten, haben wir Gott in eine Schublade gesteckt. Doch wenn diese Rezepte scheitern und wir uns auf die Ungewissheiten und die Fragen einlassen, werden wir einen Gott kennenlernen, der größer und mächtiger ist und überhaupt keine Schubladen braucht.

Hör nicht auf zu fragen. Hör nicht auf, in der Bibel zu lesen. Hör nicht auf, einen tragfähigen Glauben zu entwickeln.

Ein paar Ideen für deinen Alltag

Hast du schon einmal etwas erlebt, das dich veranlasst hast, die Fragen zu stellen, denen du bislang aus dem Weg gegangen warst, oder deinen Glauben zu hinterfragen? Welche geistlichen „Schwachstellen“ hast du entdeckt? In welcher Weise haben deine Fragen dein Bild von Gott verändert oder bestätigt?

Oder vielleicht bist du auch noch nicht so weit. Vielleicht bist du noch dabei, alles abzureißen und wiederaufzubauen, und die ganze Sache kommt dir zutiefst beunruhigend und beängstigend vor. Gestehe dir trotzdem zu, die schwierigen Fragen zu stellen und darauf zu vertrauen, dass Gott groß genug ist, um jenseits der Schubladen zu leben, in die wir ihn gern stecken.

- Das habe ich bislang immer gedacht:

  ____

  ____

  ____

  ____

  ____

- Jetzt glaube ich das:

  ____

  ____

  ____

  ____

  ____

Die Bibel ist der wertvollste Kommentar zur Bibel, vor allem, wenn wir beobachten, wie Menschen ihre Entscheidungen ändern, die Regeln ändern, ihren Anbetungsstil ändern, ihre *Denkweise* ändern, wenn sie mehr lernen. Wenn du die Bibel liest, wirst du vielleicht feststellen, dass Gott dich an Verse, Abschnitte und Wahrheiten mit ähnlichen Aussagen erinnert, die Klarheit bringen und deine Fragen beantworten. Mach dir Notizen, und gewöhn dir an, die Bibelstellen zu notieren oder anzustreichen, die dir zusätzliche Einsichten in das Gelesene vermitteln.

Ich bin zu der Überzeugung gelangt, dass Zeiten des Ringens und Zweifelns zum Glaubensleben dazugehören, auch in der Bibel. Daher sollte man aus solchen Phasen immer etwas lernen, wie lange sie auch dauern mögen.

Peter Enns, *The Sin of Certainty*

Wenn sich unsere Theologie im Laufe unseres Lebens nicht ändert und weiterentwickelt, sollten wir uns fragen, ob wir überhaupt mit offenen Augen durchs Leben gehen.

Sarah Bessey, *Out of Sorts*

Kapitel 6

Als ich es noch nicht besser wusste

Die einzige Regel, die wirklich wichtig ist

Es war einmal ein kleines, konservatives christliches College mit Kleiderordnung und Ausgangssperre, und ich wollte unbedingt dort studieren.

Wenn du und ich eine Partie „Ich hab noch nie ...“ spielen würden (was üblicherweise ein Trinkspiel ist, aber ich habe festgestellt, dass es mit M&Ms genauso gut funktioniert), würde ich angesichts dieser überraschenden Tatsache wahrscheinlich einen Punkt verlieren. Die meisten Personen treffen nach ihrem Schulabschluss keine solche Entscheidung. Wenn junge Erwachsene endlich ihre Flügel ausbreiten und mehr Unabhängigkeit erleben wollen, entscheiden sie sich im Normalfall nicht dafür, auf eine Uni zu gehen, an der mehr Regeln gelten als in ihrem eigenen Elternhaus. Ich aber schon.

Die Ausgangssperre galt unter der Woche ab Mitternacht und ab 1 Uhr morgens an den Wochenenden.

Jeden Morgen um 10 Uhr fand eine Andacht statt, und wir mussten festhalten, wenn wir sie mal ausfallen ließen.

Es gab eine Kleiderordnung, nach der die Männer Hemd und lange Hose und die Frauen Röcke tragen mussten. (Im Wintersemester wurde diese Regel wegen der Kälte für zehn Wochen aufgehoben. Und ihr könnt mir glauben: Wir Mädels haben unsere Chino- und unsere Kordhosen bis zum letzten Augenblick getragen, in dem uns diese Freiheit gewährt wurde.)

(Aber um eines klarzustellen: An dieser Schule war es selbst im Winter nicht kalt genug, dass wir auch Jeans hätten tragen können. Freiheit hat eben ihre Grenzen.)

Die Zimmer wurden kontrolliert, um zu überprüfen, ob wir unsere Betten gemacht, unseren Müll entsorgt und unsere knielangen Röcke ordentlich aufgehängt hatten.

Während ich als Kellnerin in einem Restaurant in der Stadt jobbte, musste ich eine Sondergenehmigung vom Sicherheitsdienst der Universität einholen, weil die offizielle Politik vorsah, dass Studienanfänger kein Auto auf dem Campus haben durften.

Tanzen war nicht erlaubt, Kartenspielen verboten.

Es gab nur einen Fernseher im Wohnheim, wo sich so viele Frauen wie möglich zusammendrängten, um sich jeden Donnerstagabend George Clooney in der Serie *Emergency Room* anzuschauen. (Aber ich versichere euch: *Will & Grace* war für alle tabu.)

Manche Experten sagen, das College sei die letzte Chance, ein Kind zu beeinflussen; andere sagen, es böte sich hier die erste Chance, einen Erwachsenen zu beeinflussen. Es ist schwer zu sagen, wo sich die Personen, die unseren Uni-Verhaltenskodex aufgestellt hatten, auf dieser Skala einordnen würden, aber sie verlangten, dass wir den Regeln zu Beginn jedes Studienjahres erneut per Unterschrift zustimmten. Das

Einzige, was das Ganze erträglich machte, war, dass es genau zwei Colleges gab, an denen noch strengere Regeln galten als bei uns.

Bitte versteh mich richtig: Ich bereue es nicht, dass ich auf diese Uni gegangen bin – es war ein anerkanntes College mit einem guten Ranking, einem guten Ruf und erfolgreichen und angesehenen Absolventinnen und Absolventen. Ich habe bei Professoren gelernt, mit denen ich immer noch in Kontakt stehe, ich habe Kurse belegt, an die ich noch heute gern zurückdenke, und meine Zimmergenossinnen schätze ich immer noch sehr.

Ich bin mir nur nicht sicher, *warum* ich mich damals entschied, dorthin zu gehen. Abgesehen von der Tatsache, dass ich die Lehrerin vergöttert habe, die ich in der zweiten Klasse hatte, und damals beschloss, dass ich ihrem beruflichen Werdegang folgen würde. Und als sie mir erzählte, dass sie auf diesem College gewesen war, stand meine Wahl fest.

Ich war damals sieben.

Es war keine schlechte Wahl, denn wie ich schon sagte, war es keine schlechte Schule. Aber ich frage mich oft, ob ich mich so entschieden hätte, wenn ich auch nur in *ein* anderes College hineingeschnuppert hätte. Ich bin mir nicht sicher, ob ich die Sache damals wirklich durchdacht hatte. Ich hatte mich früh entschieden und war dieser Entscheidung treu geblieben. Mir gefiel die Geschichte, die ich mir schon als Siebenjährige ausgemalt hatte, und ich war dabei geblieben. Ich wusste nicht, was ich nicht wusste, und ich traf meine Entscheidung auf der Grundlage der Informationen, die ich mir selbst zugestand.

Eine Zeit lang ging das auch gut – ein ganzes Jahr lang, um genau zu sein. Und dann, eine Woche vor Beginn meines zweiten Studienjahrs, wurde eine Stelle als Tutorin in meinem Wohnheim frei. Ich stürzte mich auf diese Gelegenheit, mich intensiver um die Mädels in meinem Umfeld zu kümmern, und die Tatsache, dass man dafür „freie Kost und Logis" bekam, war natürlich auch nicht zu verachten. Dadurch wurde mein Geldbeutel entlastet, was bedeutete, dass ich weniger Stunden damit verbringen musste, LKW-Fahrern Fritten zu servieren. Ich sagte zu.

Aber ich wusste nicht, dass der Plan einen Haken hatte: Zu meiner neuen Rolle gehörte auch ein kleines Formular, das ich ausfüllen konnte, um meinen Kommilitoninnen einen Tadel zu erteilen. Plötzlich war es meine Aufgabe, dafür zu sorgen, dass die Röcke lang genug waren, die Mülleimer geleert, die Laken glattgezogen und die Türen um Mitternacht verschlossen. Es war eine kleine Verschiebung von tektonischen Ausmaßen. Und es gefiel mir kein bisschen.

Mir selbst fiel es leicht, die Regeln zu befolgen. Immerhin war ich so brav, mich für ein College zu entscheiden, an dem so viele Regeln galten. Aber diese Regeln durchzusetzen? Das war eine andere Sache. Ich erkannte plötzlich den Unterschied: Die Regeln entsprachen nicht meinen Überzeugungen.

Ich machte meinen Job, so gut ich konnte. Ich hatte ein Auge auf Spaghettiträger. Ich gab allen auf meiner Etage einen Freischein, den sie benutzen konnten, wann immer sie wollten. „Legt ihn vor die Tür, und ich werde sie nicht öffnen", sagte ich. („Aber ich werde ihn dir auch nicht wegnehmen", flüsterte ich. „Der Zustand deines Zimmers ist eine Sache zwischen dir und deiner Mitbewohnerin.") Ich hasste es ehrlich gesagt, dass mich irgendetwas davon überhaupt etwas angehen sollte.

Wie du dir vorstellen kannst, habe ich mein zweites Studienjahr nicht überstanden. Zum Teil lag das an der endlosen Zählerei von Strafpunkten und dem Listenführen und Einhalten von Regeln. Aber vor allem verliebte ich mich in Robb (er hatte bereits seinen Collegeabschluss und seine erste Stelle angetreten), und es gab keinen einzigen Ort auf dem Campus, an dem ich diesen Mann küssen durfte, der mich gebeten hatte, seine Frau zu werden.

Und das wurde mir zum Verhängnis.

Ich wechselte am Ende des Wintersemesters. Ich nahm meine geschmuggelten Jeans und meine College-Credits mit, zog zurück nach Hause, wo ich sogar Jeans tragen durfte, und ging an eine Universität in der Nähe.

Es gab eine Zeit, in der die Regeln für mich in Ordnung waren. Aber dann lernte ich, dass es eine echte Belastung ist, alles zu verfolgen und festzuhalten, was alle anderen falsch machen (oder bei dem sie auch nur darüber nachdenken, es falsch zu machen).

Es gab eine Zeit, in der ich alle Regeln kannte und dachte, dass gute Menschen sie auch befolgen würden.

Ich wusste damals nicht, was ich alles nicht wusste.

Ich wusste damals nicht, dass ich falschlag.

In der Bibel finden wir eine Menge Regeln. Ich finde es höchst interessant, die vielen Gesetze im 3. Buch Mose (Levitikus) durchzulesen und einmal zu kontrollieren, welche davon wir heute noch einhalten und welche nicht.

- *„Ihr sollt einen Tauben nicht beschimpfen und einem Blinden nichts in den Weg stellen.“*[1]

- *„Ihr sollt meine Sabbate als Ruhetage einhalten und Ehrfurcht vor meinem Heiligtum haben."*[2]
- *„Ehrt und respektiert ältere Menschen."*[3]

Auch heute noch gute Regeln, nach denen man leben kann, oder? Aber wenn man weiterliest, stößt man auch auf andere:

- *„Zieht keine Kleidung an, die aus zwei verschiedenen Materialien gewoben ist."*[4]
- *„Ihr sollt euer Haar an den Schläfen nicht abschneiden und euren Bart nicht stutzen."*[5]

Ich bin ein Fan von guten Leinen-Baumwoll-Stoffen und einem gepflegten Bart. Warum kommen mir diese Regeln nicht mehr so vor, als müssten sie auch heute noch für uns und unseren Glauben gelten?

Die Menschen im Alten Testament mussten zahlreiche Regeln befolgen. Wir können heute nicht mehr genau nachvollziehen, wozu diese im Einzelnen dienten; das hatte sicher oft kulturelle und historische Gründe, die sich uns nicht (mehr) erschließen. Laut Paulus gab es die Regeln aber auch aus einem ganz bestimmten Grund: weil sie den Menschen deutlich machten, wie weit sie von Gottes perfektem Maßstab entfernt waren.[6] Sie erinnerten sie gewissermaßen ständig daran, dass die Sünde ihre Beziehung zu Gott zerrüttet hatte, und aus eigener Kraft konnten sie nichts tun, um diese wiederherzustellen.

So viel Trennung. So viel Schuld. So viel Bewusstsein von Scham und Unreinheit. So viel zu tun, um das wiedergutzumachen, auch wenn sie nicht wussten, was sie falsch gemacht hatten, wenn sie unabsichtlich gesündigt hatten. Trotzdem schuldig! Und dann mussten sie sich abstrampeln, um Vergebung zu erlangen!

Als ich diese langen Listen las, begann ich, ein wenig besser zu verstehen, wie erschöpfend die Anforderungen an Heiligkeit sind.

Aber durch die endlosen Listen mit Regeln zieht sich ein Thema wie ein roter Faden: *Ich bin der Herr, euer Gott.* Gott war trotz allem da, er war weiterhin ihr Gott, selbst wenn er noch darauf wartete, dass sie erkannten, wie sehr sie ihn brauchten.

Nachdem ich mich durch diese schwierigen Kapitel im 3. Buch Mose gequält habe, verstehe ich jetzt, warum es so eine große Sache war – und schier unerträglich für so viele Regelhüter –, dass Jesus auf der Bildfläche erschien und anfing, jedem die Vergebung der Schuld anzubieten, der sein Vertrauen auf ihn (Jesus) setzte. In meiner Fantasie kann ich hören, wie Generationen von Juden zu frisch bekehrten Heiden sagen: *„Was? So einfach kann das doch nicht sein! Es war noch nie so einfach! Als ich in deinem Alter war, mussten wir die gesamte Tora auswendig lernen. Wir mussten unsere eigenen Tauben fangen, um sie auf dem Altar zu opfern. Wir durften kein Schweinefleisch essen. Wir mussten sogar beschnitten werden! Diese Jugend von heute!"*

Aber Jesus brachte ihr Weltbild durcheinander. Er warf Fragen auf. Er machte ihnen bewusst, was sie nicht wussten und nicht verstanden hatten. Und das alles, weil er ihnen eine neue Lebensweise vorstellen und sich selbst als Opfer für ihre Sünden, ihre Gesetzesübertretungen anbieten wollte.

Die ersten Kapitel der Apostelgeschichte im Neuen Testament gehören zu meinen Lieblingskapiteln, obwohl ich gestehen muss: Je mehr ich die Bibel studiere, desto häufiger sage ich das. Aber diese Geschichte über die Anfänge dessen, was wir „die Kirche" nennen, ist mir einfach ans Herz gewachsen. Die Jünger von Jesus machen dort sozusagen ihre ersten Schritte ins Erwachsenenleben.

Jesus hatte gelebt, war gestorben und lebte jetzt wieder.

Seine Anhänger hatten zunächst gedacht, sie hätten alles verstanden, dann, sie hätten nichts verstanden, dann wieder, sie hätten verstanden. Sie versuchten zu entscheiden, was sie nun tun sollten, und ich kann mir vorstellen, dass es wahrscheinlich schwer war zu entscheiden, wie es weitergehen sollte.

Im 2. Kapitel der Apostelgeschichte versammelt sich eine Menschenmenge um diese Anhänger von Jesus und Petrus spricht zu der Menge: „Leute, hört zu. Gott wusste, was geschehen würde. Dieser Plan war vorherbestimmt, und er wurde ausgeführt, als Jesus verraten wurde. Mit der Hilfe anderer habt ihr ihn an ein Kreuz genagelt und getötet. Also, lasst alle wissen, dass Gott diesen Jesus – ja, den, *den ihr gekreuzigt habt* – zum Herrn und Messias gemacht hat."[7]

Und dann, in einer anderen Rede, sagt er Folgendes: „Freunde, ich bin mir bewusst, dass ihr Jesus aus Unwissenheit so behandelt habt, und dasselbe gilt für die führenden Männer unter euch."[8]

Nehmen wir uns eine Minute Zeit, um zu begreifen, was Paulus hier sagt. Er räumt ein, dass es Fehler gibt, die wir aus Unwissenheit begehen. Und ehrlich gesagt ist das meines Erachtens die Untertreibung des Jahrhunderts. Gibt es einen größeren „Fehler“ als den, dass die Menschen nicht wussten, wer Jesus war – und ihn dafür töteten, dass er sagte, wer er war?

Ich denke, die Menschen in Jerusalem waren der Auffassung, dass es gerecht wäre, den Tod von Jesus zu fordern. Sie dachten, sie seien im Recht. Sie glaubten, dass sie die Integrität Gottes und die Prophezeiungen über den Messias verteidigten, indem sie die Welt von diesem Mann befreiten, den sie nicht verstehen konnten. Sie dachten, sie würden all die richtigen Regeln befolgen, während sie in Wirklichkeit den Messias einfach nicht erkannten, als sie ihm begegneten.

Sie wussten eben nicht, was sie nicht wussten.

Ich muss gestehen: Da blieb mir wirklich die Luft weg. Es ist so leicht, mich in diesen Pharisäern wiederzufinden. In diesen Leuten, die dachten, sie hätten recht, die aber entsetzlich falschlagen. Es gab eine Zeit in meiner gesetzesgläubigen Vergangenheit, in der ich die gleiche Entscheidung getroffen hätte, weil ich dachte, ich wäre diejenige, die auf der richtigen Seite des Gesetzes steht.

Es gibt Zeiten, in denen wir glauben, im Recht zu sein, und doch liegen wir völlig falsch. Und die Bibel sagt uns das klar und deutlich:

Vor jedem Menschen liegt ein Weg, der richtig zu sein scheint, aber dennoch in den Tod führt.[9]

Jetzt sehen wir die Dinge noch unvollkommen, wie in einem trüben Spiegel, dann aber werden wir alles in völliger Klarheit erkennen. Alles, was ich jetzt weiß, ist unvollständig; dann aber werde ich alles erkennen, so wie Gott mich jetzt schon kennt.[10]

Manchmal liegen wir falsch, selbst wenn wir uns noch so sehr bemühen, es richtig zu machen, weil wir eben nicht alles wissen, was es zu wissen gibt. Das ist eben der Kern von Unwissenheit.

Als Petrus sich in den ersten Kapiteln der Apostelgeschichte an diese Männer und Frauen wendet, die ihm zuhören, erwähnt er auch, was sie gegen ihre Unwissenheit tun können:

Nun kehrt euch ab von euren Sünden und wendet euch Gott zu, damit ihr von euren Sünden gereinigt werden könnt. Dann brechen herrliche Zeiten an, und ihr werdet durch den Herrn gestärkt werden.[11]

Damit wir uns richtig verstehen: Unwissenheit an sich ist keine Sünde. Es ist keine Sünde, etwas nicht zu wissen. Das ist einer der Gründe, warum Eltern immer darauf achten sollten, Kinder nicht für einen Fehler zu bestrafen, sondern nur für die vorsätzliche Entscheidung, ihnen nicht zu gehorchen. Denn es ist keine Sünde, etwas nicht zu wissen.

Aber was ich in meiner Unwissenheit *tue* – meine Entscheidungen, mein Handeln, mein Wille? Ich kann durchaus sündhafte Entscheidungen treffen, die Menschen verletzen, Beziehungen zerstören, meinem Einfluss schaden und zu noch größeren Sünden führen können.

Die Bibel ist wichtig für unser Leben, denn sie bringt ans Licht, wo wir falsche Dinge glauben, falsche Dinge denken, wo wir aus Unwissenheit handeln und meinen, dass wir Gott folgen, aber stattdessen folgen wir nur den Regeln von Menschen, die keine Ahnung haben, was Gott sich wirklich von ihnen wünscht.

Manche denken, die Bibel enthalte bloß eine Liste von Regeln, die wir befolgen sollen. Und weil wir unvollkommene Menschen sind, fügen wir diesen Regeln dann noch weitere hinzu. Einer meiner Lehrer beschrieb dies einmal in Form von konzentrischen Kreisen: Im Kern befindet sich das, was Gott tatsächlich gesagt hat, aber dann versuchen wir, uns davor zu schützen, gegen diese eine Sache zu verstoßen, also fügen wir einen Kreis mit einer weiteren Regel hinzu und dann noch einen und noch einen.

Als mein Vater mir das Fahren auf der Autobahn beibrachte, erklärte er mir, dass ich mich im Normalfall am besten auf der mittleren Spur einordnen sollte. *Lass die rechte Spur frei für Leute, die auf die Autobahn auffahren und Platz zum Einfädeln brauchen, und lass die linke Spur frei für Menschen, die es eilig haben.* Es wäre eine extreme Entscheidung gewesen, niemals, unter gar keinen Umständen, auch nur in die Nähe der linken Fahrspur zu geraten, um die Ratschläge meines Vaters zu befolgen. Und noch schlimmer wäre es gewesen, wenn ich aus seinen Worten geschlossen hätte, dass *niemand* je auf dieser linken Spur fahren und man deshalb die Polizei rufen sollte, falls es jemand doch wagte.

Offensichtlich ist dieses Beispiel ein bisschen überzogen. Aber tun wir in gewisser Weise nicht genau das? Zumindest tun die Pharisäer das: Sie erschaffen einen Haufen zusätzlicher Regeln, um zu verhindern, dass die Menschen versehentlich gegen die eigentlichen Regeln verstoßen.

Auch in unserer Geschichte hat es schon Zeiten gegeben, in der viele Menschen, darunter auch Christen, einander wirklich bedauerliche, entmenschlichende Dinge angetan haben. Manchmal ist der Grat zwischen Unwissenheit und

Bösartigkeit erschreckend schmal. Wie konnte ein solches Verhalten jemals akzeptabel sein? Manchmal war es das Ergebnis von Unwissenheit (oder zumindest bewusster Ignoranz). Bestimmte Entscheidungen entsprachen den Überzeugungen der damaligen Zeit. Weil jemand sagte, es sei angemessen, glaubte man ihm – ob das nun richtig war oder nicht.

Aber heute wissen wir es besser. Wir verstehen jetzt verschiedene Dinge und würden nie wieder zu den damaligen Zuständen zurückkehren.

Da liegt doch die Frage nah: Für welche Entscheidungen, Gesetze und Argumente kämpfen wir heute, weil sie uns einleuchtend erscheinen? Was werden wir wohl später einmal, wenn wir mehr wissen, als falsch erkennen? Welche irrigen Überzeugungen über Gott und die Bibel vertreten wir heute aus Unwissenheit, aber wenn wir sein Wort und das, was ihm wichtig ist, besser verstehen, werden wir erkennen, wo wir auf dem Holzweg sind?

Wir können es noch nicht wissen. Wegen unserer Unwissenheit. Das Ganze ist eine Reise, die nie endet – dieses wachsende Bewusstsein für Entscheidungen, die wir korrigieren müssen, und Handlungen, die wir jetzt, da wir wissen, was wir nicht wussten, berichtigen müssen.

Es gibt viele Themen, die Menschen trennen und bei denen beide Seiten des politischen Spektrums einige gute Argumente haben, was es uns wirklich kompliziert macht.

Es gibt Fragen, die das Thema der Gerechtigkeit betreffen, bei denen die Waagschalen so eng beieinanderliegen, dass ich nicht weiß, in welche Richtung die Dinge kippen sollen.

Es gibt Bereiche, in denen sich Gesetze ändern, aber ich bin mir nicht sicher, wie Gott dazu steht.

Um ehrlich zu sein, gibt es so viele Bereiche, wo ich es *einfach nicht weiß.*

Was soll ich also tun, wenn ich nicht weiß, was ich tun soll? Was kann ich in dieser unsicheren Welt tun, um auf dem richtigen Weg zu bleiben?

Die Verfasser der Bibel geben uns die folgenden Anweisungen:

- *Seid nicht selbstsüchtig; strebt nicht danach, einen guten Eindruck auf andere zu machen.*[12]
- *Alles, was ihr tut, soll in Liebe geschehen.*[13]
- *Seid bescheiden und achtet die anderen höher als euch selbst.*[14]
- *Liebt einander mit aufrichtiger Liebe.*[15]
- *Dient einander in Liebe.*[16]
- *Lebt in Frieden miteinander.*[17]
- *Nehmt einander an.*[18]
- *Vergebt denen, die euch gekränkt haben.*[19]
- *Spornt euch gegenseitig zu Liebe und guten Taten an.*[20]

Mit einem Wort: *Liebe.*

In der gesamten Bibel finden wir immer wieder eine Botschaft – in verschiedenen Formulierungen und auf verschiedene Weise: Wir sind aufgerufen zu *lieben.* Es gibt keine Ausnahmen davon – diese Regel ändert sich nie. Und im Neuen Testament sehen wir auch immer wieder, dass Jesus genau das getan hat: seinen Mitmenschen mit Zuneigung und Liebe zu begegnen.

Liebe deinen Nächsten, indem du teilst, was du hast.

Liebe die Menschen, die du im Supermarkt triffst.

Liebe die Person, die dir die Vorfahrt nimmt.

Liebe mit deinem Tonfall und deinen Interaktionen, von deinen Facebook-Posts bis hin zu deinen Messenger-Botschaften. (Vergiss nicht: Es gibt nur *ein* Du – und nicht das Internet-Du auf der einen und die Person, die du tief in dir drin bist, auf der anderen Seite.)

Liebe durch die Art und Weise, wie du deinen Glauben im Alltag lebst. Benutze die Bibel nicht als Waffe. Ja, sie ist das Schwert der Wahrheit, aber wie Anne Lamott so schön sagt: „Mit dem Schwert der Wahrheit musst du nicht immer zuschlagen. Du kannst damit auch hinweisen."[21]

Wenn du nicht sicher bist, was du tun, welchen nächsten Schritt du machen sollst und welche Regeln gelten: *Entscheide dich dafür, liebevoll mit dem Menschen umzugehen, der vor dir steht.*

Wenn deine Theologie ins Wanken gerät, wenn Nebensächlichkeiten dich verwirren, dann konzentriere dich auf diese eine Sache: Liebe den Menschen, der vor dir steht.

In den letzten Jahrzehnten meines Lebens habe ich entdeckt, dass ich wiederholt auf eine Weise unwissend und ignorant bin, derer ich mir bislang nicht bewusst war. Und die langsam wachsende Erkenntnis, dass das, was mir richtig zu sein scheint, doch falsch sein könnte, ist schon ein bisschen beängstigend. Manchmal bin ich im Nachhinein über diese Entscheidungen schockiert – Entscheidungen, die in die Kategorie „Dinge, die zu dem Zeitpunkt eine gute Idee zu sein schienen" gehören.

Bestimmte Haarschnitte. Wandfarben. Männer, mit denen ich ausgegangen bin.

Ich versichere dir eins: Ich hatte in diesen Situationen nicht vor, die falsche Entscheidung zu treffen. Wer will schon danebenliegen? Niemand. Ich bemühe mich, nicht das Falsche zu tun, aber manchmal tue ich es trotzdem. Und wenn ich auf eine Entscheidung zurückblicke und mich frage, was um alles in der Welt ich mir dabei gedacht habe, kann ich, wenn ich ein bisschen nachsichtig mit mir bin, feststellen, dass ich jetzt mehr Informationen habe. Doch in der betreffenden Situation habe ich einfach die Entscheidung getroffen, die mir damals eine gute Idee zu sein schien:

- „Es tut mir leid, was ich getan habe. Damals schien es eine gute Idee zu sein, und jetzt weiß ich, dass es das nicht war."
- „Es tut mir leid, was ich gesagt habe. Ich habe es nicht besser gewusst."
- „Es tut mir leid, was ich in meiner Unwissenheit gesagt habe."
- „Jetzt bin ich klüger. Bitte verzeih mir."

Gott, wache du auch über meine Ignoranz. Fülle die Lücken dessen mit deiner Gnade aus, wovon ich nicht weiß, dass ich es nicht weiß.

Sei der Herr über meine Unwissenheit. Vergib mir das, was ich getan habe, als ich es nicht besser wusste. Erfrische mich mit deiner Gegenwart. Hilf mir, mich von der Liebe leiten zu lassen, besonders dann, wenn ich nicht weiß, was ich tun soll.

Und das ist … nun ja, fast immer der Fall. Amen.

Ein paar Ideen für deinen Alltag

In der Bibel gibt es eine berühmte Geschichte, die davon berichtet, dass Jesus öffentlich einer Frau ihre Schuld vergibt, die beim Ehebruch ertappt worden ist.[22] Jesus spricht gerade zu einer Menschenmenge, als die Hüter des religiösen Gesetzes mit der unglücklichen Frau im Schlepptau auf ihn zustürmen und erklären, dass sie laut Gesetz gesteinigt werden müsse. Sie verlangen eine Antwort von ihm (und ein Todesurteil), und wir können uns wahrscheinlich alle vorstellen, dass sie einen ziemlichen Aufruhr verursachen. So sind die Menschen eben, wenn sie wollen, dass jemand ins Kreuzfeuer gerät, wenn sie jemanden öffentlich bloßstellen oder die Regeln über Beziehungen stellen wollen.

Und Jesus entgegnet ihren Anklägern: „Na gut, aber den ersten Stein soll der werfen, der noch nie Gottes Gesetze übertreten hat."[23]

Der Verfasser des Evangeliums schreibt, dass die Ankläger nach dieser Aussage einer nach dem anderen verschwinden, beim ältesten angefangen (ich wage mal zu behaupten, dem weisesten), bis nur noch Jesus und die Frau in der Mitte der Menge übrig sind. Daraufhin meint Jesus: „Wo sind sie, deine Ankläger? Hat dich keiner von ihnen verurteilt?"

„Niemand, Herr", antwortet sie.

Und Jesus kommentiert das mit den Worten: „Dann verurteile ich dich auch nicht. Geh und sündige nicht mehr."[24]

Wenn wir uns einmal näher mit den Entscheidungen und Kommentaren von Jesus beschäftigen, fällt auf, welches Verhalten er lobt und wie wichtig ihm die Glaubenshaltung ist. Er ist ruhig, sein Tonfall sanft. Er stellt sich auf die Seite des

Einzelnen und nicht auf die des Mobs. Und er bleibt bei der Frau, bis die Ankläger verschwunden sind.

Wie wäre es, wenn du in Zukunft ähnlich handelst: Wenn Menschen Partei ergreifen und andere mit Steinen der Kritik bewerfen, dann schau du stattdessen auf diejenigen, die in der Schusslinie stehen. Zeig du ihnen, dass du sie liebst. Bleib bei ihnen, bis der Mob sich beruhigt hat, bis die lauten Stimmen verstummt sind. Es spielt keine Rolle, ob du mit ihren Entscheidungen einverstanden bist. Jesus war mit den Entscheidungen dieser Frau sicher auch nicht einverstanden, aber er begegnete ihr mit der Sprache der Liebe, die sie verstand: Er blieb bei ihr und stand zu ihr.

Auch wir sollten nur eine Hauptregel kennen: *Liebe*. Entscheide dich dafür, der Person mit Zuneigung zu begegnen, die dir begegnet.

Egal, wie die Umstände auch sein mögen.

Wir sollen die Menschen, die vor uns stehen, einfach nur lieben … Wir sollten nicht so viel Zeit damit zubringen, den Leuten zu sagen, was wir von dem halten, was sie tun. Menschen zu lieben bedeutet nicht, dass wir ihr Verhalten kontrollieren müssen. Es gibt einen großen Unterschied zwischen beidem. Menschen zu lieben bedeutet, Anteil zu nehmen, ohne Hintergedanken zu haben. Sobald wir eine Agenda haben, ist es keine Liebe mehr. Man tut so, als interessiere man sich für jemanden, will ihn aber in Wirklichkeit nur dazu bringen, das zu tun, was man selbst für richtig hält oder wovon man glaubt, Gott wolle es. Wenn du jedoch versuchst, seltener so zu handeln, werden die Menschen viel weniger von dir und mehr von Jesus in dir sehen.

Bob Goff, *Everybody, Always*

Kapitel 7

Stell dir mal diese Tischgesellschaften vor

Die Menschen kennen

Meine Oma erzählte gern einen Witz über Leonardo da Vincis berühmtes Gemälde vom letzten Abendmahl. In ihrer Version der Geschichte kommen Jesus und die Jünger zu dem Restaurant, in dem sich der Abendmahlssaal befindet. Johannes wendet sich an den Oberkellner, als befänden sie sich in einem guten italienischen Restaurant. Dieser erkundigt sich: „Für wie viele Personen?“, und Johannes entgegnet: „Für sechsundzwanzig Personen, bitte.“

Der Mann schaut ganz verwundert und zählt kurz die vor ihm stehenden Männer. Er sagt: „Aber Sie sind doch nur dreizehn Personen. Kommen denn noch weitere Personen dazu?“

Johannes antwortet: „Ganz richtig. Zwölf Jünger und Jesus. Aber für das Foto müssen wir alle auf einer Seite des Tisches sitzen.“

Die Sache ist die: Es fand damals wirklich ein richtiges Abendessen statt. Der Tisch dürfte zwar anders ausgesehen haben (damals war es üblich, dass die Leute zum Essen auf Sofas lagen, den Kopf in der Nähe eines niedrigen Tisches und die Füße ausgestreckt), aber an diesem Abend kamen echte Menschen, richtige Freunde zu einer gemeinsamen Mahlzeit zusammen. Die Bibel enthält viele Geschichten, in denen Menschen bei Mahlzeiten und Treffen gegrillten Fisch und Brot, Feigen und Granatäpfel essen. Es ist nicht schwer, sich das Essen vorzustellen, aber manchmal ist es schwieriger, sich die Personen vorzustellen. Manchmal verlieren wir uns so sehr in den Geschichten und ihrer Bedeutung, dass wir vergessen, dass diese Menschen real waren.

Wenn du bei irgendeiner Mahlzeit in der Bibel dabei sein könntest, welche wäre das? Es stehen *so viele* zur Auswahl.

Da ist zum Beispiel die Hochzeit, auf der Jesus das erste Wunder vollbringt und Wasser in Wein verwandelt. Hochzeiten dauerten damals etwa eine Woche, und wenn der Wein ausging, war das eine peinliche Angelegenheit und ein Verstoß gegen die ungeschriebenen Regeln der Gastfreundschaft. Maria kommt in dieser Situation zu Jesus und sagt: „Sie haben keinen Wein mehr." Darauf erwidert ihr Sohn: „Was hat das mit mir und dir zu tun? Meine Zeit ist noch nicht gekommen."

Aber seine Mutter sagt zu den Dienern: „Tut, was immer er euch befiehlt."[1] Sie weiß, wozu er fähig ist, und sie möchte, dass das Fest weitergeht. Und tatsächlich weist Jesus die Diener an, sechs steinerne Krüge mit Wasser zu füllen, und verwandelte diese in jeweils schätzungsweise hundert Liter[2] Wein. Falls wir jemals auf den Gedanken kommen sollten, dass Gott langweilig ist, sollten wir uns an diesen Moment erinnern, in dem Jesus den Gästen mitteilt, dass sie weiterfeiern können.

Wenn ich diese Geschichte lese, frage ich mich unweigerlich: *Wollte Jesus an diesem Tag sein erstes öffentliches Wunder vollbringen?* Jesus war ohne Sünde, also wissen wir, dass er nicht verärgert war, aber wie ging es ihm wohl damit, dass seine Mutter sich einmischte und ihm gewissermaßen vorschrieb, was er tun sollte? Änderte er seine Meinung, weil Maria ihn darum gebeten hat? Vielleicht war er erleichtert, dass er endlich seine „Wundermuskeln" spielen lassen konnte, dass er endlich zeigen konnte, wozu er fähig war. Wenn Maria ihn nicht gefragt hätte, hätte niemand gewusst, dass sie den Wein in Wahrheit Jesus verdankten. Und wenn das stimmt: Wie viele Dinge würde er vielleicht noch tun, wenn wir ihn nur darum bitten würden? Wenn wir um große Dinge bitten – um Dinge, die größer sind als wir selbst –, können wir sicher sein, dass Gott auf seine Weise antwortet und für uns sorgt.

Oder wie wäre es mit dem Abend, an dem ein Pharisäer Jesus zum Abendessen in sein Haus einlädt? „In dem Ort gab es eine Frau, die ihr Leben – wie man wusste – nicht nach Gottes Willen führte. Als sie erfuhr, dass er da war, brachte sie ein Gefäß mit kostbarem Salböl."[3] Sie ist nicht eingeladen, aber sie betritt das Haus trotzdem und kniet zu den Füßen von Jesus nieder, der sich auf den Kissen neben dem Tisch ausstreckt.[4] Eine befremdliche Szene – wir würden heute so etwas nicht mehr tun. Aber dann nimmt die Geschichte eine ergreifend schöne Wendung. Die Frau hat vor, das Salböl über Jesus auszugießen, aber plötzlich fängt sie an zu weinen. Ich glaube nicht, dass sie diesen Gefühlsausbruch geplant hat. Aber manchmal begegnen wir jemandem, den wir schon lange kennenlernen wollten, und unsere Gefühle überrollen uns einfach. Ihre Tränen fallen auf seine Füße. Ich stelle mir gern vor, dass sie völlig überwältigt ist, nicht weiß, was sie tun soll, sich ein Handtuch wünscht, aber kein Handtuch hat. Was soll sie also benutzen, um die Füße von Jesus abzutrocknen? Ihr Haar. Und dann, das Haar nass von ihren Tränen und von dem Öl, hält nichts sie mehr zurück. Sie beginnt, seine Füße zu küssen und noch mehr Salböl darauf zu gießen.

Seien wir ehrlich: Das ist schon irgendwie peinlich. Befremdlich.

Aber diese Huldigung hat etwas so unaufhaltsam Authentisches an sich. Sie will Jesus nah sein, will ihm geben, was sie zu geben hat, und dann geraten die Dinge außer Kontrolle. Sie würde vielleicht am liebsten in die Dunkelheit der Nacht hinausflüchten und hofft, dass niemand sie gesehen hat, aber dann lässt sie sich voll und ganz auf die Situation ein. Die Männer am Tisch spotten und tuscheln über sie, aber es ist ihr gleich, was sie sehen, was sie denken. Sie muss Jesus einfach diese Geste der Ehrerbietung erweisen, ungeachtet der Tränen, des Öls und der nassen Haare. Nichts kann diese Frau zurückhalten.

Das ist Anbetung, überschwängliche und überströmende Dankbarkeit.

Manchmal habe ich das Gefühl, dass ich mich für starke Emotionen entschuldigen muss, vor allem, wenn ich in der Öffentlichkeit in Tränen ausbreche oder auf eine Weise reagiere, die manchem Beobachter überzogen vorkommen mag. Aber dann denke ich an die Frau, die sich ganz in diesen Moment hineingibt. Sie will sich nicht für ihre Tränen entschuldigen, denn das hieße, sich für die Wahrheit zu entschuldigen. Sie weiß, dass sie durch und durch sündig ist – aber dann erlebt sie von Jesus die Vergebung ihrer Schuld, und die ist viel größer als alles, was sie je getan hat. Sie wird regelrecht überwältigt und löst sich in Tränen auf, und das in aller Öffentlichkeit. Meine Güte, ich kann es kaum erwarten, sie einmal zu treffen.

Und dann ist da noch dieses blutige Abendessen, die verstörende Geschichte über den Tod von Johannes dem Täufer.[5] Johannes war das Ergebnis eines Wunders und das Kind der sehr alten Elisabeth, die ihre fruchtbaren Jahre schon lange hinter sich gelassen hatte. Sie war mit Maria verwandt, der Mutter von Jesus. Johannes' Hauptaufgabe bestand darin, die Menschen auf die Ankunft von Jesus vorzubereiten und ihre Aufmerksamkeit auf den Messias zu lenken. Wenn damals wichtige römische Beamte in der Öffentlichkeit auftraten, ging ihnen jemand voraus, der die Route ankündigte und dafür sorgte, dass die Menschen den großen Auftritt nicht verpassten.[6] Johannes hatte also die Aufgabe, die Ankunft des wichtigsten Menschen, der je gelebt hat, anzukündigen. Und er war ein wilder Kerl, unaufhaltsam, ein Prophet mit Entschlossenheit und einer lauten Stimme.

Ich habe immer gedacht, diese heilige Bestimmung hätte eigentlich mit einer Garantie für ein glückliches Leben einhergehen müssen, für besondere Gunsterweise und persönliche Wunder. Aber so war es nicht. Als König Herodes die frühere Frau seines Halbbruders heiratete und Johannes ihn wegen seines unmoralischen Verhaltens zur Rede stellte, waren der König und die Königin nicht davon angetan, dass ihnen hier jemand einen Spiegel vorhielt. König Herodes ließ Johannes töten, um seiner neuen Frau einen Gefallen zu tun, und die Bibel berichtet, dass man ihr den Kopf des Johannes auf einer Schale überreichte – *auf der Geburtstagsfeier des Königs!* Was denkst du: Haben sie ihn wohl mit viel Pomp und Aufwand herumgezeigt? Haben sie wohl die Schale durch den Saal getragen, damit jeder einen guten Blick auf seinen verfilzten Bart, seine offenen Augenlider und seinen leeren Blick werfen konnte? Was für ein grauenhaftes Mahl.

Aber du musst dich ja nicht für diese Mahlzeit entscheiden – es gibt so viele zur Auswahl. Denke nur an das Frühstück am Strand, von dem im Johannesevangelium berichtet wird. In den Stunden bevor Jesus getötet wurde, leugnete Petrus dreimal, ihn zu kennen. Sie hatten zusammengelebt und zusammengegessen. Lehrer und Schüler waren enge Freunde. Aber als sein eigenes Leben auf dem Spiel steht, kappt Petrus die Verbindung. Immer wieder beteuert er: „Ich kenne ihn nicht.“[7]

Und dann stirbt Jesus. Ihr Freund, Mentor, Lehrer, Retter ... tot.

Die Fischer-Jünger beschließen, zu ihrer Arbeit auf den Booten zurückzukehren, denn was sollen sie auch sonst tun? Ich empfinde eine solche Zärtlichkeit, wenn ich mir diese gestandenen Männer vorstelle, die kaum die Fassung wahren können, und die schmerzhafte Trauer dieser Tage nach Jesu Tod. Es geht das Gerücht um, dass das Grab leer sei, aber diese Geschichte erscheint den Männern unsinnig. Johannes und Petrus haben sogar das Grab besucht, sie haben die Grabtücher gesehen, zusammengefaltet, als hätte niemand sie getragen, und alles ist irgendwie furchtbar merkwürdig und seltsam und fragwürdig. Aber sie haben Jesus noch nicht gesehen. Sie wissen nicht, ob er zurückkommen wird oder ob das alles ein großer Irrtum ist. Alles hängt in der Schwebe, alles ist ungewiss, und doch scheint es vorbei zu sein. Ich kann mir vorstellen, dass sie sich fragen, ob das alles eine Lüge war.

Und dann erscheint Jesus eines Morgens am Ufer, nachdem sie die ganze Nacht gefischt haben. Ich stelle mir vor, wie er ihnen zuruft: „Hey, Leute, habt ihr überhaupt was gefangen?“

„Nein“, antworten sie ihm, wahrscheinlich mit wenig Interesse an diesem Mann, der auch noch Salz in die Wunde streut.

Und dann stelle ich mir vor, dass Jesus seine Hände wie ein Megafon an den Mund hält und ruft: „Werft eure Netze auf der anderen Seite des Bootes aus, dann werdet ihr einen Fang machen!“

Das tun sie dann auch, und wenig später gelingt es ihnen nur unter Mühen, das Netz einzuholen, weil so viele Fische darin sind. Beim Anblick dieser verrückten Menge an Fischen und angesichts der vertrauten Stimme am Ufer ist es Johannes, der zwei und zwei zusammenzählt. Er erkennt Jesus und sagt zu Petrus: „Es ist der Herr!“[8]

Und dann springt Petrus – der, der auf dem Wasser gehen konnte – aus dem Boot in den See. Er zieht noch nicht einmal seine Tunika aus, sondern schwimmt mit seinen schweren Kleidern ans Ufer, weil er es einfach nicht erwarten kann, zu Jesus zu kommen. Er kann nicht eine Minute länger warten.

Kannst du dir vorstellen, wie erleichtert er ist? Er muss so viele Schuldgefühle haben, sich zutiefst schämen, weil er Jesus enttäuscht hat, als er ihn verleugnet und damit genau den Verrat begangen hat, den Jesus vorausgesagt hatte.

Und der Rest der Truppe bleibt im Boot und zieht die Netze ein. Als sie am Ufer ankommen, entdecken sie, dass Jesus ein paar Fische auf den Grill gelegt und Brot für sie gebacken hat – und da geht mir auf, dass das schon ein Wunder an sich ist. Um Brot zu backen, braucht man mehr als nur ein paar Minuten, und ich vermute, dass die Fische nicht einfach am Ufer lagen und darauf warteten, gegrillt zu werden. Jesus hatte dieses Essen für sie zubereitet, das schönste Frühstück der Weltgeschichte.

Stell dir den Moment vor, als Petrus zu Jesus kommt. Stell dir vor, wie sie sich in die Arme fallen, Jesus und Petrus, diese beiden engen Freunde, die wieder vereint sind. Stell dir den Moment vor, als die anderen Jünger erkennen, wer es ist. Er ist weit genug entfernt, dass sie ihn nicht richtig sehen können, aber sie kennen seine Stimme, und ich stelle mir vor, dass sie seine Silhouette erkennen ... und sie müssen einfach zu ihm gelangen. Sie *müssen* einfach.

Du bist eingeladen, Teil dieser Geschichte zu werden, und die Geschichte ist gewissermaßen eingeladen, ein Teil von dir zu werden. Ich liebe es, diese Übung für jede Geschichte auszuprobieren. Um die Langeweile auszuräumen, die sich vielleicht schon über eine Geschichte gelegt hat, weil wir sie schon so oft gehört haben, und um ihre Frische und die Unvorhersehbarkeit dessen, was geschieht, wiederzuentdecken, sollten wir uns so oft wie möglich in die Geschichte hineinversetzen.

Stell dir doch einmal Folgendes vor:

Es ist kurz vor der Verhaftung von Jesus. Judas hat die Wachen in den Garten am Ölberg geführt. In diesem Augenblick tritt Jesus vor und fragt: „Wen sucht ihr?"

Und sie sagen: „Jesus, den Nazarener."

Jesus sagt: „Ich bin es."

Bei Johannes heißt es dann: „Sie wichen alle zurück und fielen zu Boden."[9]

Ich frage mich: Fielen sie zu Boden, weil sie erkannten, wer er wirklich war? Oder hat der Heilige Geist sie zu Boden geworfen, um ihnen zu signalisieren, dass sie Jesus eigentlich anbeten sollten? Wie muss das für sie gewesen sein, da auf dem Boden zu liegen? Haben sie sich gefragt, was sie da gerade tun?

Oder denke darüber nach, wie Mose von sich selbst sagt, er sei „sehr demütig, es gab niemanden auf der Erde, der demütiger war als er".[10] Und dass Johannes sich als den Jünger bezeichnet, „den Jesus liebte".[11] Als Johannes und Petrus zum leeren Grab rennen, schreibt Johannes: „Der andere Jünger lief schneller als Petrus und kam als Erster an."[12] Ich liebe ihn für seinen Wunsch, Erster zu sein. Typisch Mann. Der *Beste*. Ich empfinde so viel Zuneigung für Männer, die im Stillen unsicher sind – und es wagen, das ganz offen zu gestehen.

Oder stell dir Maria Magdalena vor dem leeren Grab vor. Sie hält Jesus für den Gärtner[13], und ich frage mich, ob ich Jesus wiedererkennen würde, wenn er mir erscheinen würde. Und wie wäre es wohl, wenn Jesus *deinen* Namen sagen würde, so wie er den von Maria gerufen hat?

Henri Nouwen lädt den Leser in seinem Buch *Nimm sein Bild in dein Herz* ein, sich in jede Figur des Gleichnisses vom verlorenen Sohn hineinzuversetzen: in den Vater, der seine Söhne so sehr liebt; in den jüngeren Bruder, der so arrogant war zu denken, er brauche die Liebe des Vaters nicht, und dessen Scham ihn später glauben lässt, er habe die Liebe seines Vaters verloren; schließlich in den älteren Bruder, der glaubt, er habe sich die Liebe seines Vaters redlich verdient, weil er sich an alle Regeln gehalten hat.

Ich liebe es, diese Übung für jede biblische Geschichte durchzuführen!

Hast du dir schon einmal bewusst gemacht, dass die Personen, von denen uns in der Bibel berichtet wird, echte Menschen waren – keine Fußnoten der Geschichte, keine Statisten oder zweidimensionale Pappfiguren und Flanellbilder aus der Sonntagsschule? Sie sind nicht fehlerfrei, machen nicht immer alles richtig. Sie sind ganz gewöhnliche Menschen aus Fleisch und Blut, mit Haut und Knochen, Stärken und Schwächen, Lieblingsessen und Lieblingsfarben. Menschen, die mit Unsicherheiten und Ängsten, schlaflosen Nächten und hässlichen Geheimnissen zu kämpfen haben. Menschen wie wir, die versuchen, nach der Wahrheit zu leben und sich innerhalb der Grenzen zu bewegen, die wahre Freiheit schenken, die alle möglichen Risiken eingehen und sich fragen, ob sie „es" auf die Reihe kriegen.

Warum ist es so wichtig zu verstehen, dass die Personen der Bibel echte Menschen sind? Weil wir dann zu verstehen beginnen, dass ihr Gott tatsächlich auch unser Gott ist. Wenn ich mir das bewusst mache, verstehe ich, dass Jesus wirklich kein Kostverächter gewesen zu sein scheint, und das liebe ich sehr an ihm. Er verbrachte einen Großteil seiner Zeit mit Essen und Trinken, an Tischen in den Häusern der Menschen und auf grasbewachsenen Hügeln. Er lebte mit den Menschen, und wenn wir ihre Menschlichkeit, ihre Kämpfe und Fehler betrachten, dann hilft uns das zu verstehen, dass wir bei Gott Frieden finden können und er uns in jeder Hinsicht wachsen lässt. Und wir dürfen die Gewissheit haben: Er ist durch unsere Geschichte hindurch an unserer Seite, denn wir haben bereits gesehen, wie er mit den Menschen umgeht, die er liebt. Diese Menschen waren tatsächlich echte Menschen, und das zeigt uns, dass er bei uns ist – und uns darauf hinweist, wer er in unserem Leben sein will, weil er sich uns in der Bibel als der zeigt, der er ist.

Außerdem können diese echten Menschen der Bibel zu echten Lehrerinnen und Lehrern in unserem Leben werden. Mentoren sind Menschen, von denen wir erwarten, dass sie uns weiterbringen und inspirieren, dass sie uns dabei helfen zu entscheiden, was wir tun – oder nicht tun – sollten. Wenn wir uns in die Geschichten hineinversetzen, wenn wir uns vorstellen, wir stünden auch in dieser Menge bei Jesus, oder uns ausmalen, wie es war, einer der Jünger von Jesus zu sein, können diese Menschen zu Mentoren für unser eigenes Leben werden.

- Lerne von Noah, wie du loslegen kannst, wenn Gott dir eine Wegweisung gibt, selbst wenn noch keine Wolke am Himmel ist. (1. Mose 6–9)
- Lass dir von Hanna zeigen, wie man Kummer im Gebet Ausdruck verleiht und gegebene Versprechen hält. (1. Samuel 1)
- Lass dir von Kain zeigen, dass niemand davor gefeit ist, eine schreckliche Entscheidung zu treffen, und dass unkontrollierter Zorn immer zu Reue führt. (1. Mose 4)
- Lerne von Sarah, dass wir nicht ahnen können, wie Gott in unserem Leben wirkt, und dass seine Pläne sich auf geheimnisvolle Weise entfalten. (1. Mose 18)
- Lass dir von David zeigen, dass Gott uns zwar unsere Schuld vergibt, uns aber nicht immer vor den Folgen bewahrt. (2. Samuel 11–12; Psalm 32)
- Lerne von Johannes dem Täufer, dass du manchmal zur Seite treten musst, damit jemand die Bühne betreten kann, der begabter ist als du. (Matthäus 3,11–12)
- Lerne von Simson, dass Begabung nicht gleichbedeutend ist mit einem Leben in Gottes Sinne, dass alle „Werkzeuge“, die Gott uns gibt, um das Richtige zu tun, durch Stolz, Sturheit und egoistische Leidenschaften zerstört werden können. (Richter 16,1–22)
- Lass dir von Mose und Josua zeigen, wie Mentoring einen guten Menschen noch besser macht. (2. Mose 24)

- Lerne von Josef, dass es keine gute Idee ist, sich bei anderen aufzuspielen und zu prahlen. Sonst könnten deine Brüder auf die Idee kommen, deinen Tod vorzutäuschen und dich in einen Brunnen zu werfen. (1. Mose 37)
- (Ich lächle, während ich das schreibe, denn natürlich können wir aus Josefs faszinierender Lebensgeschichte *noch viel mehr* lernen. Und genau darum geht es mir.)

Lies die Geschichten selbst. Versetze dich in die Situation der einzelnen Personen. Nimm die Worte der Liebe und Ermutigung von Jesus an. Und denk daran, dass Jesus ebenso für uns, die wir heute leben, auf diese Welt gekommen ist, wie für die, die vor zweitausend Jahren gelebt haben.

Er war für sie, was er auch für uns ist: ein Gott, der treu, freundlich, unveränderlich und absolut verlässlich ist. Wenn wir die Geschichten, die sich in der Vergangenheit ereignet haben, gezielt und mit unserer Vorstellungskraft erforschen, können wir uns auch auf den Gott einlassen, der heute noch gegenwärtig ist.

Ein paar Ideen für deinen Alltag

Lectio Divina bedeutet so viel wie *göttliche Lesung* oder *heilige Lesung*. Es handelt sich dabei um eine uralte Praxis, bei der wir mithilfe unserer Sinne mit dem Text in Kontakt treten. Man kann dies mit jedem biblischen Text tun, aber ich finde diesen Zugang besonders hilfreich für die Gleichnisse und die Psalmen. Die Methode umfasst vier Stufen:

- *lectio* – Lesung (Lesen des biblischen Textes)
- *meditatio* – Meditation (intensives Nachdenken über den Text)
- *oratio* – Gebet (antworten auf Gottes Reden)
- *contemplatio* – Kontemplation (das Verweilen bei Einsichten und bei Gott)

Und so sieht das konkret aus:

Werde zuerst still. Atme ein paar Mal tief durch.

Durch Phileena Heuertz' Buch *In der Tiefe der Stille* lernte ich die geistliche Übung des Atemgebets kennen. Dabei handelt es sich um „eine uralte christliche Gebetspraxis, die bis ins 6. Jahrhundert zurückreicht" und auch „bekannt ist als Jesusgebet oder Herzensgebet".[14]

Unser natürlicher Atemrhythmus lässt sich leicht mit ein paar Worten oder einem kurzen Satz aus sechs bis acht Silben verbinden. Das Atemgebet sieht so aus, dass man ein Lob oder eine Bitte, einen Dank oder ein Anliegen auswählt und diese im Rhythmus des ruhigen Ein- und Ausatmens betet.

Ich beginne gern mit dem folgenden Atemgebet: *Heiliger Geist, leite mich.*

Gebrauche beim *Lesen* deine Sinne und deine Vorstellungskraft, während du den von dir ausgewählten Text liest. Es kann ganz interessant sein, sich diesen selbst laut vorzulesen, auf die Worte zu hören, anstatt nur still mit den Augen zu überfliegen. Du wirst das Gesagte ganz anders wahrnehmen, und vielleicht hast du auch das Gefühl, mitten im Geschehen zu sein, vor allem wenn du die Evangelien liest oder Bücher, die ursprünglich als Briefe an eine Gruppe von Personen geschrieben wurden. Nimm alles, was dir beim Lesen auffällt – Eindrücke, mögliche Geräusche, Eigenheiten und sogar Gerüche des Geschehens –, in dich auf. Stell dir das Ganze so intensiv wie nur möglich vor.

Achte während der *Meditation* darauf, ob ein Wort oder ein Satz deine Aufmerksamkeit erregt. Mach dir bewusst, woran du „hängen bleibst“, was dir ins Auge springt. Überlege, warum dich gerade dieses Wort, dieser Satz anspricht. Betrachte mit großer Ehrfurcht, was Gott in seinem Text sagt. Mal es dir aus. Denk intensiv darüber nach. Nimm dir Zeit, um der Wahrheit dieser Worte auf die Spur zu kommen und darüber nachzudenken, was du davon lernen kannst, inwiefern sie dich ermutigen und dir Weisheit und Hoffnung schenken.

Gehe anschließend zum *Gebet* über – deine Antwort auf das Gelesene. Lies den Text ein weiteres Mal, und sag Gott, was du ihm als Antwort darauf mitteilen möchtest. Verwandle das, was dir klar geworden ist, in ein Gebet. Stell Gott deine Fragen. Und dann werde still und lausche auf seine Antwort. Warte auf Einsichten. Sag ihm, was dich jetzt bewegt.

Lies den Text zum Abschluss noch einmal und *verweile* dann bei deiner Erfahrung. Gib neuen Einsichten Raum zum Atmen und die Möglichkeit, in dir Wurzeln zu schlagen.

Nimm diese meine kleinen Gaben:
meinen Stift, mein Papier, meine Worte,
meine Bereitschaft,
still und gegenwärtig zu sein.

Erfülle meine Fantasie.
Sei für mich Feuer und Wunder zugleich,
Inspiration und Wegweiser.

Douglas Mckelvey, *Every Moment Holy*

Kapitel 8

Auch wenn er kein Wunder vollbringt

Wenn Gott Nein sagt

Mein Mann Peter und ich haben zwei sehr unterschiedliche Erfahrungen mit Wundern gemacht.

Er bettelte und flehte in einer verzweifelten Lage zu Gott – er befand sich in einer Gefängniszelle –, und Gott sagte Ja. Das Wunder besteht darin, dass er freigelassen wurde.

Ich bettelte und flehte in einer verzweifelten Lage zu Gott – ich lag damals auf dem Fußboden meines Schlafzimmers –, und Gott sagte Nein. Das Wunder besteht darin, dass ich überhaupt noch an Gott glaube.

Wenn wir gemeinsam beten, wenn wir Gott um etwas bitten, klingt das bei jedem von uns anders. Peter bittet um Wunder in der Hoffnung auf ein herzerfrischendes Ja; ich bitte um Trost in der Erwartung eines herzzerreißenden Neins.

Peter sagte eines Tages: „Tricia, Gott könnte auch Ja sagen."

„Ja, aber manchmal sagt er auch Nein."

„Bei Matthäus heißt es: Wenn euer Glaube auch nur so groß wäre wie ein Senfkorn, könntet ihr zu diesem Berg sagen:

‚Rücke dich von hier nach da', und er würde sich bewegen. Nichts wäre euch unmöglich."[1]

„Warum hat Gott dann zugelassen, dass Robb stirbt? Bedeutet das, dass ich nicht genug Glauben hatte?"

Das Ganze hatte als normales Gespräch begonnen, aber plötzlich brach ich in Tränen aus, und Peter fühlte sich sichtlich überfordert. Diese Unterhaltung hatte eine gefährliche Wendung genommen. Meiner Erfahrung nach enden Gespräche dieser Art nicht mit eitel Sonnenschein. Regenwolken ziehen auf und bringen Spannungen mit sich.

Ich mag die Theologie der Heilung nicht, die besagt, dass alles von meinem Glauben abhängt. Denn was bedeutet es, wenn Gott nicht Ja sagt? Bedeutet es, dass ich nicht genug Glauben habe? Und ist es meine Schuld, wenn ich einen Mangel an Glauben habe?

Wenn der Glaube eine Frucht des Heiligen Geistes ist, ist es dann dessen Aufgabe, diese Frucht in mir wachsen zu lassen? Wenn ich sie nicht habe: Wie um alles in der Welt kann ich sie dann bekommen? Und ist es meine Schuld, wenn jemand wegen meines „mangelnden Glaubens" nicht geheilt wird – oder stirbt?

Das gefällt mir nicht. Das gefällt mir überhaupt nicht.

Als ich mich in die Bibel verliebt habe, bin ich auf viele Berichte gestoßen, in denen er zu Menschen Ja gesagt hat. Wenn du selbst es auch schon erlebt hast, dass Jesus zu einer Bitte Ja gesagt hat, fühlst du dich vielleicht zu den Geschichten hingezogen, in denen er auch zu anderen Menschen Ja gesagt hat. Aber wenn er auf deine Bitte mit Nein geantwortet hat, dann gehören diese Berichte vielleicht nicht gerade zu deinen

Lieblingsgeschichten. So wie die von der Frau, die Jesus durch eine dicht gedrängte Menschenmenge folgte, weil sie wusste, wenn sie nur sein Gewand berühren könnte, würde sie geheilt werden.

Auf dem Weg ... folgte Jesus und den Jüngern eine Frau, die schon seit zwölf Jahren starke Blutungen hatte. Sie berührte heimlich den Saum seines Mantels, denn sie dachte: „Wenn ich nur seinen Mantel berühre, werde ich wieder gesund."

Da drehte Jesus sich um und sagte zu ihr: „Meine Tochter, hab keine Angst! Dein Glaube hat dich geheilt." Und im selben Augenblick war die Frau wieder gesund.[2]

Diese Geschichte hat mich früher wirklich wütend gemacht. Ich habe sogar einmal auf einer Bühne gesagt: „Hat das Wort Gottes Sie schon jemals wütend gemacht?" (Eigentlich habe ich mich sogar noch viel „blumiger" ausgedrückt, aber das habe ich damals eben empfunden. Ich war wütend. Und ziemlich deutlich, was meine Wortwahl anging.)

Im Stillen kann ich meine Therapeutin hören, die mich daran erinnert, dass ich jetzt vielleicht mehr Durchblick habe als damals, sodass ich nicht auf die Person herabsehen muss, die ich war und die eben nur ein begrenztes Wissen besaß. Ich kann mit mehr Nachsicht darauf blicken, wo ich damals stand und wie es mir ging – und wie all das mich dahin gebracht hat, wo ich jetzt bin. Damals war ich wütend, aber jetzt verstehe ich es. Robb ist seit fast zehn Jahren tot und in dieser langen Zeit ist tatsächlich etwas in mir geheilt. Die Wunde, die sein Tod mir geschlagen hat, ist nur noch eine Narbe, Teil der Landschaft meines Lebens und nicht länger eine blutende

Wunde, die all meine Aufmerksamkeit einnimmt. Ich bin heil geworden.

Und wie habe ich diese Heilung gefunden? Woher kam diese Heilung?

Sie wurde durch den Entschluss möglich, dem Gott zu vertrauen, der Robb hätte heilen können. Die Heilung wurde möglich, weil ich auf dem Weg blieb, wie Eugene Peterson so schön sagt, durch einen anhaltenden Gehorsam in immer dieselbe Richtung.[3] Sie kam dadurch zustande, dass ich Gott, meiner Familie und mir selbst gegenüber ehrlich war und sagte, wie ich mich fühlte und welche Fragen mich umtrieben, was mich verletzte und was in mir heilen musste. Die Heilung erwuchs aus meiner Bereitschaft dranzubleiben. Dem Weg treu zu bleiben.

Wenn ich die Geschichte lese, in der geschildert wird, wie Jesus die Frau mit den anhaltenden Blutungen heilte, stelle ich mir gern vor, dass andere Menschen an diesem Tag neidisch auf sie waren, neidisch auf ihre Heilung. Auch andere haben vermutlich Jesus im Gedränge berührt. Der Schlüssel war also nicht die Berührung seines Gewandes – es war ihr Glaube, dass er sie heilen konnte. Es war ihr Vertrauen, das sie veranlasste, ihm nachzulaufen. Und ganz ehrlich: Wenn ich mir die anderen Menschen in der Menge vorstelle, wird mir auch klar, was mein Misstrauen gegenüber diesem Vers und dieser Geschichte geschürt hat. Auch ich war eifersüchtig auf sie und ihre Heilung.

Wir wollen, dass Jesus so wirkt, wie wir es von ihm erwarten, auf eine Weise, die unserer Logik sinnvoll erscheint. Wie in dem Gleichnis von den Weinbergsarbeitern, das Jesus an anderer Stelle erzählt. Es geht in der Geschichte um Leute, die glauben, ihr Lohn stünde ihnen zu, weil sie länger geschuftet, härter gearbeitet und treuer gewesen seien als andere. Aber es liegt allein in Gottes Entscheidung – in seiner Macht und Souveränität –, das zu tun, was seinen Absichten entspricht.[4] Auch in der Bibel ist Heilung nicht berechenbar, und die Geschichten auf ihren Seiten gewähren uns einen Blick auf Wunder, ja, aber auch auf Menschen, die vergebens auf ein Wunder warten. Die Bibel hilft uns zu verstehen, dass Gott komplexer ist, als uns lieb ist, und das gilt für Heilung ebenso.

Ich habe mir auch die Geschichte von Lazarus angesehen, von dem Tag, an dem er im Sterben liegt und seine beiden Schwestern Jesus benachrichtigen: „Herr, dein Freund Lazarus ist schwer erkrankt."[5] Die Schwestern sind zu diesem Zeitpunkt wahrscheinlich noch nicht verzweifelt, zumindest in meiner Vorstellung nicht. Sie sind besorgt, aber dankbar, dass sie den Mann kennen, der ihr Problem lösen kann. Und sie kennen ihn nicht nur so, wie ihn jeder kennt; er ist ein Freund. Ein Freund, der ihnen so nahesteht, dass er immer wieder in ihrem Haus zu Gast ist. Maria hat Salböl über seine Füße gegossen und es mit ihrem Haar abgetrocknet.[6] Er ist mehr als nur eine flüchtige Bekanntschaft. Er ist ein guter Freund. Er kann das in Ordnung bringen.

Als Jesus ihre Botschaft erhält, sagte er: „Lazarus' Krankheit wird nicht zum Tode führen; sie dient vielmehr der Verherrlichung Gottes. Der Sohn Gottes wird durch sie verherrlicht werden."[7]

Er gibt ihnen Hoffnung. *Es wird schon alles gut werden,* denken sie wahrscheinlich. Aber dann macht er sich nicht sofort auf den Weg. Der Glaube kann eine solche Achterbahn von Ermutigung und Entmutigung sein, wenn ich denke, dass

Gottes Worte eine bestimmte Bedeutung haben, und dann erfahre, dass sie etwas ganz anderes bedeuten. Wenn ich einen Vers lese, in dem es heißt: „Wenn der Herr deine Zuflucht ist, wenn du beim Höchsten Schutz suchst, dann wird das Böse dir nichts anhaben können, und kein Unglück wird dein Haus erreichen“[8], und es gerade kein Unglück gibt, dann ist das sicher tröstlich. Aber ich zögere, meinen Kindern diese Botschaft zu vermitteln angesichts der Tatsache, dass gerade eine Pandemie wütet und buchstäblich Tausende um uns herum sterben. Ich habe Angst, ich gäbe ihnen damit eine Formel an die Hand, an die sie sich klammern ... und was ist, wenn *wir* krank werden? Das ist der Moment, in dem sie ihren Glauben am meisten brauchen werden, und ich möchte ihnen keinen Schlüssel dazu an die Hand geben, aufgrund dessen sie ihn infrage stellen.

(Warum habe ich nur das Gefühl, Gott verteidigen zu müssen? Ich schätze, so geht es mir eben mit denen, die ich liebe. Es ist, als ob ich denke: *Klar, ich behalte diese kleine Ausnahme für mich. Du sollst funkeln und glänzen und vertrauenswürdig sein. Vielleicht handelst du nicht so, wie wir es uns erhoffen, aber lass uns diese Möglichkeit lieber verschweigen.*)

Die Schwestern von Lazarus bekommen hier also eine Dosis Ermutigung, aber gleichzeitig tun sie mir leid, weil Jesus nicht das meint, was sie denken, dass er meint. Im nächsten Vers heißt es nämlich: „Jesus hatte Marta, Maria und Lazarus lieb. Als er von seiner Krankheit erfahren hatte, blieb er noch zwei Tage, wo er war.“[9] (Hier ein kleiner Hinweis. Er macht sich selbst dann nicht sofort auf den Weg, wenn seine engen Freunde nach ihm schicken lassen. Wenn er mir also nicht sofort antwortet, heißt das nicht, dass er mich nicht liebt.)

Aber als Jesus dann endlich auf der Bildfläche erscheint, liegt Lazarus schon vier Tage in seinem Grab! Das ist eine lange Zeit. Lange genug, um in der Realität anzukommen. Viele schauen vorbei, um Maria und Marta in ihrem Verlust zu trösten. Ich weiß, wie das aussieht und wie es sich anfühlt, von Menschen umgeben zu sein, die einen so sehr lieben, dass sie unbedingt bei einem sein wollen.

Als sie Jesus sehen, reagieren Maria und Marta unterschiedlich, und das ergibt auch Sinn, denn jeder von uns trauert anders. Und tiefe Trauer sorgt dafür, dass die üblichen Schutzmechanismen und Filter nicht länger funktionieren.

Marta sagt zu Jesus: „Herr, wärst du hier gewesen, wäre mein Bruder nicht gestorben. Aber auch so weiß ich, Gott wird dir alles geben, was auch immer du ihn bittest."[10]

Marias Reaktion fällt ein wenig anders aus. „Herr, wärst du hier gewesen, wäre mein Bruder nicht gestorben."[11] Fast dieselben Worte.

Ich stelle mir vor, dass sie sich diese Worte schon seit Tagen zugesprochen haben. Vielleicht war es das Einzige, was sie überhaupt über die Lippen brachten. Man sagt in einer solchen Situation nur das, was man kann, nur das, was man unbedingt muss, nur das, was wahr ist. Für alles andere ist kein Platz. Ich stelle mir gern vor, wie die Schwestern diese Worte in allen Gefühlslagen aussprechen: mit Sehnsucht, klagend, in tiefer Trauer und vielleicht auch mit dem Zähneknirschen des Grolls. *Wenn er doch nur hier gewesen wäre.*

„Als Jesus die weinende Maria und die Leute sah, die mit ihr trauerten, erfüllten ihn Zorn und Schmerz."[12]

Stevie Swift hat diesen Moment sehr eindringlich beschrieben und ihre Worte sind mir bis heute im Gedächtnis geblieben: „Er weinte. Er wusste, dass Lazarus tot war, bevor er die Nachricht erhielt, aber er weinte trotzdem. Er wusste, dass Lazarus in wenigen Augenblicken wieder lebendig sein würde, aber trotzdem weinte er. Er wusste, dass der Tod nicht für immer andauert. Er kannte die Ewigkeit und das Reich Gottes besser als jeder andere, und doch weinte er, weil die Welt voller Schmerz, Bedauern, Verlust, Depression und Zerstörung ist. Er weinte, denn dass man weiß, wie die Geschichte ausgeht, bedeutet nicht, dass man an den traurigen Stellen nicht weinen kann.“[13]

Lazarus kehrt an diesem Tag vom Tod zurück und Jesus schenkt ihnen allen ein Wunder. Aber das bewahrte keinen von ihnen vor einem Wechselbad der Gefühle, vor der Frage, was er tun würde. Vor dem Glauben daran, er könnte es tun, und der Frage, ob er es auch tun würde.

Wie können wir lernen, beide Seiten dieser Gleichung auszuhalten: den Glauben, dass Gott etwas kann, aber auch die Einsicht, dass er es vielleicht nicht tut? Das ist die größte Spannung von allen. Die Bibel gibt uns hier keine Antwort, die diese Spannung auflösen würde, aber sie hilft uns, sie auszuhalten. Sie gibt uns Einblick in das Herz Gottes, seine tiefe Liebe und den Schmerz und seine umfassende Macht. Sie gibt uns Aufschluss über das Mysterium, wie er denkt und handelt und ist. Die Bibel gibt uns keine Erklärung für das Leiden, doch sie macht uns mit einem Gott bekannt, der über dem Schmerz steht und mittendrin mit uns im Schmerz ist.

Ein Trio namens Schadrach, Meschach und Abednego zeigt uns schon im Alten Testament, wie man mit dieser Spannung umgehen kann. Ihr Freund Daniel ist vor allem für seine Zeit in der Löwengrube bekannt und die drei Kumpel dafür, dass sie sich in einem feurigen Ofen behauptet haben. Diese beiden biblischen Geschichten werden in der Sonntagsschule oft erzählt, nicht zuletzt, weil Daniel und seine Freunde junge Männer waren, die zeigten, dass jung zu sein nicht bedeuten muss, dass man einen Fehler nach dem anderen macht. Daniels Freunde – Schadrach, Meschach und Abednego – zeigen uns, was geschehen kann, wenn man an den eigenen Überzeugungen festhält. Gemeinsam widersetzten sie sich stillschweigend dem Befehl von König Nebukadnezar, vor seiner goldenen Statue – ein Gebilde, das höher war als das Weiße Haus[14] – niederzuknien und sie anzubeten. Sie entschieden sich dafür, selbst im Angesicht des sicheren Todes an Gott festzuhalten.

(König Nebukadnezar war ein übler Kerl, aber selbst er kann uns als Vorbild dienen: Wenn du wütend wirst, weil jemand deine Anweisungen nicht befolgt, dann frag dich doch mal, ob dein Ego vielleicht größer ist als deine Autorität.)

Der König gibt den Männern noch eine Chance, sich vor der Statue zu verneigen. „Wenn ihr dazu aber nicht bereit seid, sollt ihr sofort in den glühenden Feuerofen geworfen werden. Und wer ist der Gott, der euch vor meiner Strafe retten könnte?“[15]

Doch die drei Freunde bleiben standhaft. Sie werden ihre Überzeugungen nicht aufgeben.

Schadrach, Meschach und Abednego erwidern: „Wir werden gar nicht erst versuchen, uns vor dir zu verteidigen. Unser Gott, dem wir dienen, kann uns aus dem Feuer und aus deiner Gewalt retten. Aber auch wenn er es nicht tut, musst du wissen, o König, dass wir nie deine Götter anbeten oder uns vor der goldenen Statue niederwerfen werden.“[16]

Aber auch wenn er es nicht tut ...

Sie hatten Gott um Hilfe gebeten, und sie glaubten fest

daran, dass er es tun könnte. Sie sagten sogar, dass er es tun würde. Doch dann beenden sie den Satz mit einem riesigen Vorbehalt: *Aber selbst wenn er es nicht tut, werden wir uns vor keinem anderen Gott beugen.*

Genau das ist die richtige Haltung in der Spannung zwischen dem ersten und dem letzten Satz: Wir wissen, worum wir ihn bitten, und glauben, dass Gott es tun kann, und sagen vielleicht sogar, dass er es tun wird. Und entscheiden uns andererseits gleichzeitig, diesem Gott treu zu bleiben.[17] Auch wenn er es nicht tut.

Ihr müsst wissen, ich glaube, Gott kann alles tun. Das ist ein vollständiger Satz, dem nichts hinzugefügt werden muss.

Ich glaube, dass er Heilungswunder vollbringen kann. Ich habe es nur in meinem Leben noch nicht erlebt. Ich glaube, dass er es kann, aber ich kann nicht behaupten, dass er es immer tut, weil wir alle wissen, dass er es manchmal nicht tut. (Sonst wäre wahrscheinlich jeder Mensch, den wir je geliebt haben, noch am Leben.)

Wenn du also behauptest, dass es von meinem Maß an Glauben abhängt, ob Gott Heilung schenken kann, dann kommt mir das so vor, als würdest du von mir einen Glauben verlangen, der frei ist von jedem Zweifel. Als müsste ich meinen gesamten Glauben in meine linke Hand legen und diese offen halten, um die Gaben zu empfangen, die Gott mir geben will – und als müsste ich meinen gesamten Zweifel in die rechte Hand legen und diese dann fest verschließen, um sicherzugehen, dass sich auch ja kein Zweifel herausstehlen kann.

Aber wenn ich diese beiden Hände betrachte, sehe ich andere Möglichkeiten: In der einen Hand ist der Glaube: Ich glaube, dass Gott alles tun kann. Auf der anderen Seite ist die

Souveränität Gottes. Auch wenn er keine Wunder vollbringt, glaube ich immer noch, dass er gut ist.

Ein paar Ideen für deinen Alltag

Gott erlaubt uns – ja, er wünscht es sich sogar –, dass wir ihm unsere Bitten vortragen. „Sagt Gott, was ihr braucht."[18] Sag Gott ganz genau, was du dir von ihm wünschst. Sei kühn. Schreib es auf.

Und dann folge dem Beispiel von Schadrach, Meschach und Abednego und gib die verwegene Erklärung ab:

„Aber auch wenn du das nicht für mich tust, will ich daran festhalten, dass du gut bist. Ich werde daran glauben, dass du in dieser Sache an meiner Seite bist. Ich will glauben, dass du Gott bist."

Und wenn in diesen Worten noch ein Hauch von Zweifeln mitschwingt, dann habe ich eine gute Nachricht für dich: Nicht nur dir geht es so. In dieser Bibel finden wir zahlreiche Beispiele von Menschen, die vor diesem Vertrauensschritt zunächst noch etwas anderes brauchten und Worte aussprachen, um diese Kluft zu überbrücken.

- „Mach mich bereit, dir zu gehorchen."[19]
- „Hilf mir, dass ich nicht zweifle."[20]

Wenn du also die Worte „auch wenn du es nicht tust" nicht über die Lippen bringst, dann versuch es doch mal mit diesen

Worten, die ich für mich selbst schon mehr als einmal gesprochen habe:

- „Jesus, mach mich dazu bereit, diese Worte aufrichtig sagen zu können. Mach mich bereit, dafür bereit zu sein."

Diese Wahrheit steht auch hinter den Worten in Jakobus 1,6–8, wo es heißt, dass der Beter „seine Bitte in einer Haltung des Vertrauens vorbringen [soll] und nicht in der Haltung des Zweiflers" ... Hier bekommen viele brave Bibelleser es mit der Angst zu tun, denn Jakobus scheint an dieser Stelle ja zu sagen, dass wir, wenn wir Gott um etwas bitten, innerlich hundert Prozent gewiss sein müssen, dass er uns erhört. Doch das ist nicht das, was Jakobus meint .... Nichtzweifeln und nur Eines wollen heißt nicht, dass ich moralisch vollkommen oder frei von jeder Ungewissheit bin, sondern vielmehr, dass ich mir vorgenommen habe, dass Gott mein Gott sein soll und dass ich entschlossen bin, allem, was ihm seinen Platz in meinem Herzen streitig machen will, den Laufpass zu geben, sobald ich es erkenne.

Timothy Keller, *Beten*[21]

Kapitel 9

In schwierigen und in stressigen Zeiten

Wenn du keine Zeit hast

Vielleicht hast du all das gelesen, was ich bislang erzählt habe, und denkst: *Das klingt ja schön und gut, aber ich habe keine Zeit. Null Zeit. Wer so ein Buch schreiben kann, hat keine Ahnung, wie stressig mein Leben ist.*

Vielleicht studierst du gerade und hast ein paar Nebenjobs, um über die Runden zu kommen, und wann du das letzte Mal ein Buch nur zum persönlichen Vergnügen gelesen hast, daran kannst du dich kaum noch erinnern.

Vielleicht hast du einen herausfordernden Job und versuchst, Karriere zu machen, und die Anforderungen sind schrecklich hoch.

Vielleicht bist du voll berufstätig und kümmerst dich gleichzeitig auch engagiert um deine Kinder. Und du bist so stark beansprucht, dass sowohl dein Beruf als auch dein Zuhause darunter leiden.

Vielleicht zerreibst du dich aber auch zwischen der Betreuung von Teenagern und der von alten Eltern, und jeder Augenblick, den du früher einmal zur freien Verfügbarkeit hattest, ist nun mit Terminen, Gesprächen und Entscheidungen für Menschen verbunden, deren Lebensgrundlage und Zufriedenheit davon abhängen, dass du das Richtige tust.

Ich versteh dich so gut.

Ich kann nicht für jede schwierige Zeit im Leben sprechen, und vielleicht war ich noch nicht in der Situation, in der du gerade bist. Aber ich kann dir von der Phase erzählen, die für mich die (bislang) schwierigste war. Und vielleicht lassen sich meine Strategien für ein Überleben in einem Alltag ohne Freiräume auch auf deine persönliche Hektik übertragen.

Sprechen wir jetzt einen Moment zu Eltern von kleinen Kindern, zu Müttern und Vätern, die sich durch die scheinbar endlosen ersten fünf Jahre quälen. Meine Freundin Catherine bezeichnet sie auch gern als die Kämpfer an den „langen Tagen, die mit Kleinigkeiten angefüllt sind".[1]

Wenn ein Paar ein Kind erwartet, fragen die werdenden Eltern manchmal andere Eltern um Rat. Sie wollen wissen, was sie unbedingt haben sollten, was sie unbedingt haben müssen, was sie wirklich brauchen. Manchmal stellen sie auch eine Geschenkeliste auf, die alles Mögliche umfasst – vom Praktischen bis zum Dekorativen. Man könnte sich tagelang damit beschäftigen, alles zu notieren – von der Babyschaukel über Tragkorb und Kinderwagen über Spucktücher bis hin zu Spieluhr und Saugerbürsten.

Und dem würde ich auch zustimmen. All diese Dinge sind toll, selbst wenn sie nicht unbedingt notwendig sind. Aber darf ich dir sagen, was ich werdenden Eltern wirklich empfehle?

Mehr Unterwäsche. Nicht für das Baby – für die Eltern.

Mal im Ernst: Leg jedes Mal, wenn du in den Supermarkt gehst und ein paar Euro übrig hast, ein weiteres Teil in den

Einkaufswagen. Sobald du zwei Streifen auf dem Schwangerschaftstest siehst, solltest du dich damit eindecken.

Und hier ist der Grund dafür: Deine Zeit gehört bald nicht mehr dir selbst.

Dieses Baby wird dich verzaubern – mit jedem Blick, jedem Lächeln, jedem Schluckauf und seinen kleinen Baby-Fingernägeln – so winzig und doch so perfekt. Im Gegenzug wird so vieles in deinem Leben auf Eis gelegt, während du um diese neue Sonne in deinem Leben kreist.

Das ist angesichts der überwältigenden Erfahrung der Elternschaft auch ganz normal: Man lernt, dass so viele Dinge zugunsten des Neuankömmlings warten können, entweder bis morgen oder bis zum nächsten Lebensabschnitt.

Außer wenn dir deine Unterwäsche ausgeht.

Wenn du keine saubere Unterwäsche hast, wird eine ganz neue Dringlichkeit bei dir Einzug halten, und du wirst rasch ausgesprochen frustriert sein. Mit Trockenshampoo, dem T-Shirt und der Yogahose von gestern kannst du locker den nächsten Tag überstehen. Aber ohne saubere Unterwäsche ... Manche Dinge können einfach nicht warten. Deck dich also besser jetzt schon ein.

Es gibt so viele Dinge, die in den Tagen, Wochen, Monaten und Jahren nach der Geburt eines Kindes verdrängt, vertagt und auf die lange Bank geschoben werden. Und bei mir war die Bibel eines dieser Dinge, die ich aus Zeitgründen beiseitegelegt habe.

Es ist sehr schwer (unbeschreiblich schwer), Zeit zum Bibellesen zu finden, wenn die Kinder schon wieder Hunger haben, wenn alle darauf warten, dass Mami das Abendessen macht, und du dich daran erinnerst, dass *du* ja die Mutter bist und die Kinder auf *dich* warten. Wenn du *Zähne putzen* und *Haare kämmen* auf deine eigene To-do-Liste schreibst, dann aus drei Gründen: weil das Aufgaben sind, deren Ergebnis man ein paar Stunden lang sieht (und du damit beweisen kannst, dass du wenigstens etwas auf die Reihe bekommst); weil es eine legitime Form der Selbstfürsorge ist; und weil du deine eigene grundlegende Hygiene vergisst, während du die von anderen erledigst. Ich bin von Herzen gern Mutter und liebe diese Rolle; was ich nicht immer liebe, sind die *Aufgaben*, die ich als Mutter habe. Wie meine Freundin Bekah DiFelice sagt: „Es ist in Ordnung, sich von dem Leben überfordert zu fühlen, das du liebst, einem Leben, für das du dich selbst entschieden hast.“[2]

Catherine McNiel schreibt: „Niemand versucht, Mütter vom ‚geistlichen Leben‘ auszuschließen, aber es passiert trotzdem. Ich höre die Klagen in den Herzen der Mütter, Klagen über die Verluste, die diese Zeit der Kinderbetreuung unerwartet nach sich zieht: die Unmöglichkeit, etwas Seelenschöpferisches, Lebensspendendes zu tun. *Wir haben keine Zeit, keinen Platz, keine Energie und kein Geld. Wir werden warten müssen, bis die Kinder älter sind. Sorry, aber im Moment kann ich einfach nicht.*“[3]

Exakt. Genauso habe ich mich in der Zeit gefühlt, als ich morgens aufgewacht bin, um nasse Windeln zu wechseln, Hochstühle abzuwaschen und bis zum Umfallen Geschichten vorzulesen, und im Auto laut gesungen habe, damit niemand eingeschlafen ist, bevor wir nach Hause kamen, damit ich dort wiederum ein kurzes Nickerchen machen konnte: die goldene Stunde meines Tages. Und wenn ich dann endlich doch mal ein paar Minuten für mich hatte, nun, ich muss gestehen, dass die Bibel dann nicht gerade mein Lieblingsbuch war. Manchmal brauchten mein Körper und meine Seele ein Schläfchen viel dringender. Ich war einfach nicht mehr in der Lage, jemand anderem auch nur ein paar Momente zu schenken, nicht einmal dem Gott, der mir diese Babys geschenkt hatte, die ich von ganzem Herzen liebte und wegen denen ich bis auf die Knochen müde war.

In dieser Zeit meines Lebens habe ich eine wunderbare Erfindung entdeckt: DIN-A7-große Karteikärtchen.

Beth Moore meint, dass Gott sie wohl am achten Tag erschaffen haben muss.[4] Und Anne Lamott trägt oft eine solche Karte in ihrer Hosentasche bei sich, um darauf die flüchtigen Gedanken festzuhalten, die sie in ein Buch aufnehmen will, nur für den Fall, dass sie kein Notizbuch bei sich hat.[5] Das ist sozusagen die eigentliche Definition von Mutterschaft: Kann bitte jemand *irgendwas* etwas leichter machen, nur für den Fall, dass ich einfach nicht noch was mit mir rumtragen kann?

Und diese Karten können uns auch dabei helfen, uns in unserem Alltag in die Bibel zu verlieben. Vers für Vers, einen nach dem anderen, auf diesen Karten, die ein echter Segen sind. Ein. Echter. Segen.

In den seltenen Momenten, in denen ich mal allein war – die Betonung liegt auf *selten* und nicht auf *allein* –, schrieb ich einen bedeutungsvollen Vers auf eine solche Karte und steckte sie in meine Hosentasche.

Sprechen wir kurz darüber, was ein „bedeutungsvoller Vers" ist. Einigen wir uns zuerst einmal darauf, dass alle Worte der Bibel heilig und gut, wertvoll und wichtig sind und eigentlich eine eigene Karteikarte verdient hätten. Aber nicht alle sind für uns gleichermaßen und zu jeder Zeit relevant – und nicht alle sind leicht zu verstehen, wenn du bloß 17 Sekunden Zeit hast, bevor jemand die Badezimmertür öffnet, weil er dir zusehen will, wie du selbst aufs Töpfchen gehst. Such dir ein paar gute, einfache und grundlegende Wahrheiten aus, die du mit einem raschen Blick lesen und verinnerlichen kannst, zum Beispiel:

In Jesus allein gibt es Erlösung! Im ganzen Himmel gibt es keinen anderen Namen, den die Menschen anrufen können, um errettet zu werden.
Apostelgeschichte 4,12

Wenn ihr mich sucht, werdet ihr mich finden; ja, wenn ihr ernsthaft, mit ganzem Herzen nach mir verlangt, werde ich mich von euch finden lassen.
Jeremia 29,13–14

Ich vertraue auf dich, Herr,
und sage: „Du bist mein Gott!"
Meine Zukunft liegt in deinen Händen ...
Hilf mir durch deine Gnade.
Psalm 31,15–17

Du warst mir an dem Tag nahe, als ich zu dir schrie,
und sagtest zu mir: „Fürchte dich nicht!"
Klagelieder 3,57

Dieser Vers ist besonders an endlosen Tagen hilfreich:

Zugleich beten wir darum, dass ihr die herrliche Kraft Gottes erfahrt, damit ihr genug Geduld und Ausdauer habt für die Anforderungen, die an euch gestellt werden.
Kolosser 1,11

Ist dir aufgefallen, dass jeder dieser Verse für sich stehen kann? Ja, du kannst auch in das Kapitel und das Buch eintauchen, in dem er steht, und ja, es ist gut und wertvoll, den Kontext zu kennen, in dem ein Vers steht – aber man kann Gott auch an einer roten Ampel anbeten, indem man die Karte liest, die im Becherhalter steckt. Als ich entdeckte, dass ich diese Worte auch in meinen ganz kurzen Pausen lesen konnte, begannen sie, allmählich in mir Wurzeln zu schlagen.

Die Verse in den Psalmen, in denen der Psalmist mich daran erinnert, dass Gott sich um die kümmert, die sich um ihre Kinder kümmern, haben mich sehr ermutigt. Gott versteht die Anforderungen, die in den stressigen Zeiten an Eltern gestellt werden, und er weiß auch, wie es in ihnen aussieht. Und er sorgt für das tägliche Brot in Form von Weisheit für den Augenblick, Ampeln zum Verschnaufen und Goldfischli, um den Hunger zu stillen. Es schenkt müden Eltern Trost und Ermutigung, die ihre Kinder zutiefst und leidenschaftlich lieben und zugleich das Gefühl haben, sich in all den Aufgaben, die die Kinderbetreuung mit sich bringt, selbst zu verlieren. Aber du weißt ja: Es ist in Ordnung, sich von einem Leben überfordert zu fühlen, für das du dich selbst entschieden hast.

Wenn du nicht die ganze Bibel mit dir herumtragen kannst, wenn du nicht einmal *eine* Minute Zeit hast, kannst du dir aber wenigstens einen kleinen Bissen vom Kuchen abschneiden. Du kannst dir ein Goldkörnchen Wahrheit gönnen, das dir hilft, über das Chaos – im wörtlichen und im übertragenen Sinn – hinauszublicken. Wenn wir in den Momenten, in denen wir das Gefühl haben, dass uns der Boden unter den Füßen wegbricht, fest bei Gott verankert bleiben, bewahrt er uns davor, unsere Identität an etwas so Unbeständigem festzumachen wie dem Bestreben, perfekte Eltern zu sein. Selbst wenn wir nur ein paar Augenblicke mit der Wahrheit der Bibel zubringen, kann uns das helfen, unseren Blick darauf zu richten, wer wir wirklich sind.

Jahrelang habe ich solche Kärtchen gesammelt, habe sie in meiner Hosentasche mit mir herumgetragen oder in einem verschließbaren Allzweck-Beutel in der Wickeltasche mitgeführt, um die Botschaften immer greifbar zu haben. Und auf eine Weise, die ich nicht erwartet hatte, trugen sie mich in meiner dunkelsten Stunde.

An jenem Morgen, an dem Robb so plötzlich krank wurde, als die Sanitäter mich an den Küchentisch setzten, damit sie alles tun konnten, um sein Leben zu retten, griff ich in meine Handtasche und holte meine Bibelkarten hervor, diese handgeschriebenen 105 x 74 mm großen Begleiter, die ich seit mehr als zwei Jahren mit mir herumtrug. Und hier und heute kann ich euch sagen: In diesem Moment der Panik hat Gott mein Herz mit einem Frieden beschenkt, der jedes Verstehen übersteigt.

Die folgenden Verse hielt ich an jenem Tag in meinen Händen:

Ich schaue hinauf zu den Bergen –
woher wird meine Hilfe kommen?
Meine Hilfe kommt vom Herrn,
der Himmel und Erde gemacht hat.

Er wird nicht zulassen, dass du stolperst und fällst;
der dich behütet, schläft nicht.
Siehe, der Israel behütet,
wird nicht müde und schläft nicht.

Der Herr selbst behütet dich!
Der Herr ist dein schützender Schatten
über deiner rechten Hand.
Die Sonne wird dir am Tag nichts anhaben
noch der Mond bei Nacht.

Der Herr behütet dich vor allem Unheil
und bewahrt dein Leben.
Der Herr behütet dich, wenn du kommst
und wenn du wieder gehst, von nun an bis in Ewigkeit.
Psalm 121

Wieder und wieder las ich diese Worte. Viele Momente vergingen. So unglaublich viele. Ich vernahm die Stimmen und Schritte der Rettungskräfte im ersten Stock. Geräusche, die von großen Anstrengungen zeugten. Geräusche von mutigen Männern, die alles taten, was in ihrer Macht stand.

Dann betrat ein Arzt die Küche. Mit ruhiger Stimme sagte er: „Sie sind die Ehefrau?"

„Ja."

„Ma'am, wir versuchen seit vierzig Minuten, Ihren Mann wiederzubeleben, und wir tun alles, was wir können. Aber es gibt keinen Herzschlag und keine Atemgeräusche mehr und es hat auch noch keine gegeben. Ich muss Ihnen leider mitteilen, dass Ihr Mann verstorben ist."

Ich muss Ihnen leider mitteilen, dass Ihr Mann verstorben ist.

Meine kluge und tapfere Mutter sah ihn an und erkundigte sich: „Und man kann wirklich nichts mehr tun? Er ist tot?"

Der Arzt sah mich an. „Ja, Ma'am. Es tut mir so leid. Er ist tot."

Hast du dich schon mal gefragt, was du sagen würdest, wenn dir ein Polizist oder Arzt mitteilt, dass der Mensch, den du auf dieser Welt am meisten liebst, gestorben ist? Ich hatte es mir nie so vorgestellt, aber ich sagte einfach: „Okay."

Und blickte auf die abgegriffene Karte in meinen Händen. An einem weitaus sonnigeren Tag hatte ich diese Wahrheit festgehalten, die mir nun in diesem Moment, in dem mein ganzes Leben aus den Angeln gehoben wurde, ganz neu vor Augen geführt wurde:

Ich schaue hinauf zu den Bergen –
woher wird meine Hilfe kommen?
Meine Hilfe kommt vom Herrn,
der Himmel und Erde gemacht hat.

Er ist tot. Okay. Meine Hilfe kommt vom Herrn.

Ein paar Ideen für deinen Alltag

Kauf dir im Supermarkt oder im Schreibwarenladen einen Stapel preiswerter DIN-A7-großer Karteikarten. Zieh dann einen wiederverschließbaren Beutel aus der Schublade, und beginne damit, deine Sammlung von biblischen Wahrheiten zu erstellen, die du in deiner Hosentasche, im Handschuhfach oder in der Wickeltasche deines Babys mitnehmen kannst.

(Extrapunkte gibt es, wenn sich in deiner Plastikhülle noch die Krümel von Reiswaffeln befinden. Biblische Wahrheiten mit Babybreiflecken sind dennoch wertvoll – und in diesem Fall tragen sie auch die Zeichen dafür, dass sie sich bewährt haben und vertrauenswürdig sind.)

Hier einige Verse, mit denen du deine Sammlung beginnen kannst:

Ich sehe immer auf den Herrn.
Er steht mir zur Seite, damit ich nicht falle.
Psalm 16,8 (Hfa)

Denn ich bin der Herr, dein Gott. Ich nehme dich an deiner rechten Hand und sage: Hab keine Angst! Ich helfe dir.
Jesaja 41,13 (Hfa)

Denn das Wort des Herrn ist wahr,
und auf das, was er tut, kann man sich verlassen.
Psalm 33,4

Liebt einander von ganzem Herzen.
1. Petrus 1,22 (Hfa)

Bei Gott finden wir Vergebung.
Psalm 130,4 (Hfa)

Wenn nun der Geist Gottes in unserem Leben das Sagen hat, verändert sich unser Leben Stück für Stück zum Guten. Wir müssen nicht mehr um uns selbst kreisen. Wir müssen den anderen auch nicht länger eigene Leistungen vorzeigen. Jeder von uns

wird durch Gott so beschenkt, dass er niemanden mehr beneiden muss.
Galater 5,25–26 (WD)

Herr, gib acht auf das, was ich rede,
und wache über meine Lippen!
Psalm 141,3

Wir Mamas mögen anderen zwar halb verrückt, übermüdet, gestresst und leicht verwahrlost vorkommen, aber unsere Seele wird geschult und geschliffen und geläutert. Da bin ich mir sicher. Wir können uns zwar nicht hinsetzen und lange darüber nachdenken; die meiste Zeit ist es uns nicht einmal bewusst. Aber gerade Kämpfe, Opfer, Unannehmlichkeiten und Durchhaltevermögen sind die Dinge, die die Seele läutern.

Catherine McNiel, *Long Days of Small Things*

Kapitel 10

Angst & Sorgen

Das Einatmen und Ausatmen der Wahrheit

Eine Freundin fragte mich einmal: „Tricia, was kann ich tun, um nicht in ständiger Angst zu leben? Ich mache mir permanent Sorgen, dass dem Menschen, den ich liebe, oder meiner Familie oder mir etwas zustößt. Wie kann ich verhindern, dass diese Angst mich lähmt?" Was für eine Frage – so geradeheraus, ehrlich, wahr und alltagsnah. *Wie kann ich verhindern, dass ich mir ständig Sorgen mache?*

Max Lucado erzählt in einem seiner Bücher davon, dass es mit Gott und uns so ist wie mit ihm (Lucado) und seinen Töchtern, wenn sie auf Reisen gehen. Er berichtet, dass er alle Flugtickets in seiner Tasche aufbewahrt und sie seinen Töchtern erst gibt, wenn sie am Flugsteig stehen und in den Flieger steigen wollen.[1] Mit einem dankbaren Verweis auf den großen Max Lucado habe ich meiner Freundin Folgendes gesagt, als sie mir ihre größten Ängste anvertraut hat:

Betrachten wir es einmal so: Wenn du nächsten Monat nach Mexiko fliegen würdest, würdest du die Flugtickets doch nicht diese Woche schon mit dir herumtragen, oder?

Du würdest es nicht tun, weil du sie noch nicht brauchst. Es ist noch nicht so weit. Und du musst in der Zwischenzeit andere Dinge erledigen, für die du deine Hände frei haben musst. Die Ticktes jetzt schon mit dir herumzuschleppen, würde dich nur ablenken. Es würde dich davon abhalten, das zu tun, was du jetzt tun musst, z. B. E-Mails zu schreiben, Mittagessen zu kochen, Menschen mit Zuneigung zu begegnen und dein Leben heute zu leben.

Du würdest wahrscheinlich sagen: „Ich wünschte, ich könnte sie aus der Hand legen. Ich brauche sie doch noch nicht."

Mit den Sorgen ist es ähnlich: Wenn du dir über etwas Sorgen machst, was du nicht in der Hand hast, über etwas, das dich hinter der nächsten Ecke erwarten könnte – oder auch nicht –, versuchst du, Dinge zu tragen, die du jetzt noch nicht brauchst. Du fesselst dir gewissermaßen die Hände und beschäftigst dich in Gedanken schon mit Dingen, die noch nicht aktuell sind. Du brauchst dich jetzt noch nicht davor zu fürchten, dass das Schlimmste eintreten könnte. Ich weiß, dass dies stimmt, denn ich habe diese Erfahrung selbst schon gemacht.

Wenn das Schlimmste dann eintrifft, ist es, als würde sich Gottes Heiliger Geist vor dich stellen. Er gibt dir zu verstehen: „Ich weiß, dass du nicht mit dieser Planänderung gerechnet hast, aber ich schon. Ich bin dir bereits mehrere Schritte voraus, habe dir den Weg geebnet und alles eingesteckt, was du brauchst. Hier ist dein Ticket für die nächste Etappe der Reise. Ich liebe dich und ich bin bei dir. Wenn du mich einlädst, dich auf diese Reise zu begleiten, werde ich mit dir gehen."

Und dann streckt er seine Hand aus – er stattet dich mit dem aus, was du brauchst. Genau zur rechten Zeit.

Wenn du in eine Krise gerätst, wird Gott dir dein „Ticket" geben. „Gnade" steht darauf. Er wird es dir aber erst geben, wenn du es brauchst, und nicht einen Moment vorher. Du brauchst es jetzt noch nicht in der Hand zu halten.

Halte deinen Geist – und deine Hände – frei, um das anzugehen, was heute ansteht. Das ist das Einzige, was du in der Hand halten musst.

An dieser Stelle würde ich gern einen Moment lang zu denjenigen unter euch sprechen, die vielleicht unter einer Angststörung oder Panikattacken leiden, nur für den Fall, dass meine bisherigen Worte so klingen, als würde ich sagen: „Öffne einfach die Hände und lass los!“ Ich weiß, dass euer Problem größer und komplexer ist, und jeder, der das Gegenteil behauptet, hat einfach keine Ahnung, wovon er spricht.

Vor Robbs Tod war Angst für mich ein Fremdwort. Doch dann zog sie in mein Leben ein und gebärdete sich wie ein herrischer, neurotischer Diktator, der immer wieder Anschläge auf mich verübte. Schon allein der Gang zum Briefkasten schien mich zu überfordern. Ein Tag allein mit meinen Kindern bot zu viele Variablen, zu viele Unbekannte. Eine Einkaufsliste schien zu viele Informationen zu enthalten; den Supermarkt zu betreten, fühlte sich an, als würde man in den Tiefen des Ozeans versinken. Vielleicht kommen dir solche Ängste bekannt vor und vielleicht sind sie in deinem Leben nicht nur eine vorübergehende Episode. Wenn du diese Worte liest und mit dem Kopf nickst, fühle ich mit dir. Ich verstehe dich.

Ich werde also nicht behaupten, dass das, was ich hier schreibe, das Problem lösen oder auch nur verringern könnte. Aber ich möchte dir eine Strategie an die Hand geben, die dir helfen kann, den Kopf über Wasser zu halten. Panik ist ein reißender Strom, und wenn du keinen Plan aufstellst, *bevor* er über dich hereinbricht, hast du schnell das Gefühl, dass er dich mitreißt.

Die Angst ist auch eine gute Lügnerin. Sie hatte mich lange Zeit in ihrem Griff. Sie lässt dich glauben, dass du nicht mutig bist, dass du die nächste Sache nicht bewältigen kannst und dass du dieses Gefühl nie wieder loswirst. Das Einzige, was sie besiegt, ist die Wahrheit.

Die Bibel spricht eine klare Sprache, was Angst und Sorgen angeht: Wir sollten diesen Gefühlen keinen Raum geben. Ich weiß das, du weißt das – das ist für keinen von uns eine Neuigkeit. Aber wenn man einem Menschen, der Angst hat, erklärt: „Die Bibel sagt, wir sollen uns nicht fürchten", dann ist das so, als würde man zu jemandem, der wütend ist, sagen: „Du musst dich beruhigen." Das ist ... wenig hilfreich. Wenn ich selbst Angst hatte oder mir Sorgen machte, war mir zwar bewusst, wie wertvoll bestimmte Bibelverse sind, aber es erwies sich nicht unbedingt als hilfreich, mir einfach nur Verse in Erinnerung zu rufen, die mir sagten, ich solle nicht fühlen, was ich gerade fühlte. Manchmal kann man diesen Teufelskreis nur dadurch stoppen, dass man den sorgenvollen Gedanken selbst entgegentritt. Aber wie?

Wir können uns vielleicht nicht völlig von der Angst befreien, aber wir können Dinge tun, die uns helfen, der Angst etwas von ihrer Macht zu nehmen. Um eine Gewohnheit zu brechen, sollte man sie durch eine andere ersetzen – also ist vielleicht das Beste, was wir tun können, dass wir etwas in unsere leeren Hände legen.

Erinnerst du dich noch: die Bibelkarten, von denen ich im letzten Kapitel berichtet habe? Jetzt ist genau der richtige Zeitpunkt, um diese Kärtchen hervorzuholen und sie als

Rettungsanker zu verwenden. Wenn wir über Gottes Wort nachdenken, kommen unsere Gedanken, unser Geist und unsere Atmung langsam zur Ruhe – selbst wenn wir gerade Angst haben oder uns Sorgen machen. Wir können still werden und erkennen, dass Gott Gott ist[2], und sein Wort kann den in uns tobenden Sturm beruhigen.

Ich fand es in solchen Situationen hilfreich, mir Bibelstellen und Verheißungen ins Gedächtnis zu rufen, in denen Gott sagt, wer er für uns ist. Er ist mein Fels, meine feste Burg, er ist denen nah, die verzweifelt sind, und bei denen, die den Mut verloren haben. Er ist in diesem Augenblick bei mir.[3] Im Namen von Jesus liegt Macht[4], und wenn ich mich in seinem Namen auf das berufe, was in der Bibel steht, kehrt langsam Ordnung ein in die chaotischen Gedanken in meinem Kopf.

Und dann ist da noch das Geschenk der Psalmen. Sie sind so voller Ehrlichkeit und Trost und unverhüllter Wahrheit. Deshalb mein Ratschlag: Wir sollten bewusst die Entscheidung fällen, unsere Gedanken mit den guten Gedanken zu füllen, die wir in der Bibel finden, und nicht mit Gedanken, die sich nur um das drehen, was uns Angst bereitet und Sorgen macht. Wenn wir unser Denken so bezwingen, lehren wir es, sich Jesus Christus unterzuordnen.[5] Und wir haben in diesem Moment alles, was wir brauchen. *Dieser Moment* ist der einzige, in dem wir jemals gegenwärtig sind.

Als die Israeliten durch die Wüste zogen, nachdem Gott sie aus der Sklaverei in Ägypten befreit hatte, begannen sie, sich Sorgen zu machen, weil die Nahrung knapp wurde. Gott erkannte ihre Not, und er versorgte sie mit Wachteln und einer Art Brot, das sie „Manna“ nannten.

Ihr Anführer Mose erklärte ihnen: „Das ist das Brot, das der Herr euch zum Essen gegeben hat. Der Herr gibt euch folgende Anweisung: ‚Sammelt euch davon so viel, wie ihr benötigt. Pro Person, die in eurem Zelt lebt, sollt ihr einen Krug davon sammeln.'"[6]

Und das ist meine Lieblingsstelle in der Geschichte:

Da sprach der Herr zu Mose: „Die Israeliten sollen jeden Tag vors Lager gehen und so viel davon auflesen, wie sie für den jeweiligen Tag brauchen."[7]

Und so machten es die Israeliten dann auch: Sie sammelten von der Speise ein – die einen viel, die anderen wenig.

Als sie es jedoch abmaßen, hatten diejenigen, die viel gesammelt hatten, nicht zu viel und denjenigen, die nur wenig gesammelt hatten, fehlte nichts. Jeder hatte genau so viel gesammelt, wie er brauchte.[8]

Gott gibt uns alles, was wir brauchen, um diesen Moment, diesen Tag zu bewältigen. Und dann schenkt er uns die Nacht – das Ende des Tages, den Segen eines Neubeginns. Er wusste, dass wir Menschen nicht in der Lage sein würden, uns endlos und unablässig mit irgendetwas zu beschäftigen. Aber wenn wir eine Atempause einlegen, können wir neu anfangen bis zur nächsten Atempause. Wir können ihn darum bitten, uns genügend Kraft für heute zu schenken. Nur für heute. Immer nur für heute. Bei Gott finden wir alles, was wir brauchen, Tag für Tag.

Das Leben besteht aus unzähligen Tagen und die Tage bestehen aus unzähligen Augenblicken. Wir können das auf den ersten Blick nicht zu bewältigende Konzept eines Lebens aus dem Glauben trotzdem verwirklichen – ganz unaufgeregt, von einem Tag auf den nächsten, von einem Augenblick auf den nächsten, selbst wenn wir Angst haben. Wenn wir in den kleinen Dingen treu sind, entsteht daraus ein großes Leben des Glaubens, denn Gott hat uns die Fähigkeit geschenkt, zu entscheiden, wie unsere Tage aussehen sollen: Wir können die Entscheidung fällen, uns nach Vertrauen und Freiheit auszustrecken, in jedem einzelnen Augenblick.

In Psalm 116,10 heißt es: „Ich habe dir geglaubt, deshalb habe ich gebetet: ‚Ich bin verzweifelt, Herr.'" Diese Aussage tröstet mich, denn sie macht deutlich: Selbst wenn wir Angst haben und verzweifelt sind, bedeutet das noch lange nicht, dass wir schlechte Christen sind. Wenn ich an Gott glaube, dann bedeutet das nicht, dass ich nicht auch manchmal verzweifelt sein kann. Es bedeutet, dass ich einen Ort und einen Raum habe, um dem Luft zu machen, ohne vor lauter Sorgen durchzudrehen. Es bedeutet, dass ich Gott davon erzählen kann – ich darf ihm ehrlich sagen, wie ich mich fühle.

Ich muss mich nicht zusammenreißen, *weil ich an Gott glaube*. Ganz im Gegenteil: Ich darf ehrlich mit meiner Angst umgehen, *weil ich an Gott glaube*.

Wie können wir also die Angst überwinden? Indem wir *an diesem Tag* präsent sind und Gottes Nähe suchen.

Wie können wir den Sorgen entkommen? Indem wir *in diesem Moment* präsent sind und Gottes Nähe suchen.

Ein paar Ideen für deinen Alltag

Diese Übung lädt dich ein, tiefe, langsame Atemzüge zu machen. Angst und Panik äußern sich häufig darin, dass der Atem flach wird. In der Tat ist Kurzatmigkeit oder Hyperventilation eines der häufigsten Symptome von Panikattacken. Wenn du bewusst tiefer und langsamer einatmest, fühlst du dich nach einer Weile ruhiger und hast das Gefühl, mehr Kontrolle über die Situation zu haben, wenn du mit Panik und Angst konfrontiert bist. Gott hat dir den Atem eingehaucht: Nutze ihn und alle seine Möglichkeiten.

Wenn du einatmest, kannst du parallel dazu Gott loben, indem du seinen Namen anrufst: Jesus, Gott, Heiliger Geist, Jahwe, Versorger, Erhalter, Vater oder einen anderen Namen, mit dem du ihn anbetest.

Das Ausatmen kannst du mit einer Bitte oder Lobpreis verbinden. Wiederhole dein Gebet immer wieder in deinem ganz normalen Atemrhythmus. Richte deine Aufmerksamkeit auf die Worte des Gebetes. Wenn deine Gedanken abschweifen, wie es bei mir häufig der Fall ist, lenkst du deine Aufmerksamkeit einfach sanft zurück auf deinen Atem und deine Worte – dein Gebet.

Wähle den Namen, den du am liebsten benutzt, um die Gegenwart Gottes zu erbitten oder anzurufen. Verbinde ihn mit deiner Bitte oder deinem Lob. Ruf seinen Namen an, und sag ihm, was du brauchst. Verwende auch deine Bibelverskarten dazu, deine Gedanken, dein Gebet und deinen Atem zu lenken.

Jesus, hilf mir.[9]
Heiliger Geist, leite mich. [10]
Gott, heile mich.[11]
Weisheit, lehre mich.[12]
Versorger, kümmere dich darum.
Heiliger Geist, sei nah.
Herr, erhöre mich. [13]
Vater, ich brauche dich.[14]
Gott, ich danke dir.[15]
Ich danke dir.[16]
Ich danke dir.[17]
Ich danke dir.[18]
Ich danke dir.[19]

Wenn wir dies immer bewusster tun, beten wir schließlich die ganze Zeit ... Kontemplatives Gebet fördert ebenso wie Achtsamkeit unsere Fähigkeit, das, was in unserem Körper, unserem Herzen und unserem Geist vor sich geht, zu erspüren und diese Erkenntnisse an Gott zurückzugeben.

Phileena Heuertz, *In der Tiefe der Stille*

Kapitel 11

Anbetung

Vielfältiger, als du denkst

Wusstest du, dass *Arbeit* kein unanständiges Wort ist? Im Hinblick auf die Geschichte von Adam und Eva gibt es nämlich ein grundlegendes Missverständnis: dass Gott sie als Konsequenz für ihre Sünde damit bestraft hätte, dass sie von nun an arbeiten mussten. Aber das stimmt nicht. Adam und Eva arbeiteten von dem Tag ihrer Erschaffung an mit Freude in Gottes vollkommener Welt. Gott verdonnerte sie nicht zur Arbeit, weil sie in den Apfel[1] gebissen und damit diese eine Regel gebrochen hatten. Er trug ihnen die Arbeit auch nicht deshalb auf, weil er ihre Hilfe brauchte. Nein, er wollte, dass sie erleben, wie viel Spaß es macht, wenn man einen Lebenszweck hat. Wenn man die Freude erlebt, das zu tun, wozu man erschaffen wurde.

Für mich war es ein echter Wendepunkt, als mir klar wurde, dass die Befriedigung, die ich empfinde, wenn mir etwas gelungen ist, vielleicht gar nichts mit falschem Stolz zu tun hat. Ich empfinde vielmehr die tiefe Zufriedenheit, die Gott in eine schöpferische, gestalterische Arbeit hineingelegt hat.

Eben pure Begeisterung.

Mein Hund wurde dazu erschaffen, Eichhörnchen und

Tennisbällen nachzujagen und mit dem Schwanz zu wedeln, wenn er jemanden sieht, den er gernhat. Ein Vogel wurde zum Fliegen und zum Zwitschern gemacht. Blätter wurden so erschaffen, dass sie sich im Herbst verfärben. Glühwürmchen wurden dazu gemacht, an lauen Sommerabenden zu funkeln. Wenn Gottes Geschöpfe das tun, wozu sie erschaffen wurden, spiegelt ihre Existenz seine Kreativität wider, und ihr Leben wird zu einem Lobpreis für ihren Schöpfer. Wenn wir tun, wozu wir erschaffen wurden, ist das Anbetung – wir spiegeln sein Wesen wider und feiern ihn.

Ich will an dieser Stelle aber nicht zu tief in die großen Fragen nach der eigenen Berufung oder Bestimmung einsteigen oder danach, wie man Sinn und Ziel seines Lebens findet. Wovon ich hier spreche, ist: Alles, was wir tun, ist in gewisser Hinsicht kreativ, fürsorglich und liebevoll. Das ist genau das, was auch Gott wichtig ist, und darin spiegelt sich sein Geist in dir und in mir wider. Das ist Anbetung. Gott möchte, dass unser Leben ein Fest ist – ein Fest, mit dem wir ihn und das, was er in uns getan hat und tut, feiern.

Alles, was wir im Laufe des Tages tun, kann Anbetung sein. Wenn wir uns mit der Bibel beschäftigen und sie auf unser Leben anwenden, können wir darin unzählige Ideen dafür finden, wie man Gott anbetet – mit allen Sinnen. Im Alten Testament teilte Gott seinem Volk mit, dass es einen Ort erschaffen solle, an dem man ihm begegnen konnte. Er half den Menschen, etwas zu erschaffen, dass voller Farben, Schönheit und Symbolik war, und sie beteten Gott mit dem an, was ihnen zur Verfügung stand. Sie nutzten ihren Geruchssinn, indem sie Weihrauch verbrannten, einen vertrauten Duft, der ihre Gedanken und ihre Aufmerksamkeit auf die Anbetung lenkte.

Sie nutzten ihren Tastsinn, indem sie den Kopf des Opfertieres berührten, um anzuerkennen, dass es ihren Platz einnahm. Und – das gefällt mir persönlich am besten – sie nutzten ihren Geschmackssinn, um bei Festen sehr bewusst zu essen. Viele der Speisen waren symbolischer Natur und luden dazu ein, den anzubeten, der all ihre Bedürfnisse stillte.

Und sie nutzten die Musik. Musik zieht sich wie ein roter Faden durch die Bibel. Als die Israeliten endlich die Sklaverei in Ägypten hinter sich haben, singt Moses Schwester Mirjam ein Lied, und andere Frauen tanzen mit Tamburinen, um Gott zu loben.[2] Als die Israeliten in das Land einziehen, das Gott ihnen versprochen hat, fallen die Mauern von Jericho unter dem Klang von Posaunen in sich zusammen.[3] Israels erster König Saul erlebt die beruhigende Wirkung der Musik und am Hof von König David gibt es ebenfalls Musiker.[4] David selbst ist ein begnadeter Liederdichter[5], und seine Fähigkeiten als Musiker sind eines der ersten Dinge, die wir über ihn erfahren.[6] Im Neuen Testament wird Musik weitaus seltener erwähnt, aber sie spielt dennoch eine wichtige Rolle. Jesus und die Jünger singen ein Loblied; der Apostel Paulus und sein Mitmissionar Silas singen, während sie im Gefängnis sitzen.[7]

Die gesamte Schöpfung spiegelt den Gott wider, der sie erschaffen hat. Aus der Bibel erfahren wir, dass wir nach dem Ebenbild Gottes erschaffen wurden, und deshalb spiegelt unsere Kreativität, wie auch immer sie aussieht, wider, wer er ist. Das ist Anbetung.

Anbetung ist auch die überfließende Freude darüber, das zu tun, wozu wir glauben erschaffen worden zu sein. Adam wurde erschaffen, um Gott anzubeten; Eva wurde erschaffen, um Gott anzubeten. Der Mond am samtenen Nachthimmel, die aufgehende Sonne in den Zuckerwattewolken, der Kolibri mit seinem Flügelschlag, die Sonnenblume, die ihr Gesicht der Sonne zuwendet, der Rüssel des Elefanten und die Wimpern der Giraffe – sie alle wurden erschaffen, um Gott anzubeten, indem sie schlicht das tun, wozu sie erschaffen wurden.

Das Profane wird heilig, wenn wir im Geiste der Entdeckerfreude, der Fürsorge, der Kreativität und der Liebe handeln. Du wurdest für nichts Geringeres erschaffen als für ein strahlendes, farbenfrohes Leben – du bist ein bunter Strauß all dieser Dinge. Wenn wir mit offenem Herzen an die Bibel herangehen, entdecken wir plötzlich all die Möglichkeiten, wie unser Leben in dieser Welt das verströmen kann, was Gott wichtig ist. Die Bibel sollte nicht nur etwas sein, das wir gelegentlich hervorkramen und nach dem Lesen zur Seite legen, weil wir dann wieder unserem Alltag nachgehen müssen. Sie sollte uns zur Anbetung motivieren und uns helfen, unsere Tage und alles, was wir tun, im Einklang mit Gott zu gestalten. Die Bibel hilft uns zu erkennen, dass unser Leben von Anfang an Anbetung und Fest sein sollte, wenn wir wahrnehmen, dass Gott in jedem Augenblick wirkt. Sein Wort hilft uns, unser Leben auf die große Geschichte auszurichten, die er schreibt.

Ein paar Ideen für deinen Alltag

Was bereitet dir Freude? Nimm dir etwas Zeit, um darüber nachzudenken. Erstelle eine Liste der Dinge, die dir Spaß machen.

Schieß ein Foto von etwas Schönem. Schreib ein Gedicht, das sich nicht reimt. Spiele ein Lied auf dem Klavier oder summe beim Autofahren vor dich hin. Arrangiere Blumen in einer Vase. Bepflanze ein Blumenbeet. Verstreue deine Kreativität wie Konfetti. Du wurdest von einem schöpferischen Gott erschaffen und deine Kreativität spiegelt genau das wider. Auch das ist Anbetung.

Unternimm einen Spaziergang. Spüre, wie deine Füße den Boden berühren, wie deine Arme im Rhythmus deiner Schritte schwingen. Wenn du Blumen pflanzt, spüre die Erde in deinen Fingern. Beiß in eine Erdbeere, und spüre, wie der Saft dir übers Kinn läuft, bevor du ihn abwischst. Lausche am frühen Morgen auf den Gesang der Vögel, und vernimm die verschiedenen Stimmen, nah und fern, melodisch oder krächzend. Liebe deinen Partner und genieße die gute und wunderbare Gabe der Intimität. Gott hat dir einen Körper, einen Verstand, Sinne und eine Wahrnehmung gegeben, und er hat eine Million Möglichkeiten erschaffen, wie du diese Dinge einsetzen und genießen kannst. Auch das ist Anbetung.

Schau der Person, die hinterm Tresen deines Lieblingscafés steht, in die Augen. Bring ihren Namen in Erfahrung und sprich sie damit an. Lade Freunde zum Essen ein. Genieße ihre Gesellschaft. Lass dein Handy im Auto oder schalte es aus. Schenke den Menschen, die du gernhast, deine volle Aufmerksamkeit, und höre ihnen zu. Sei präsent. Gestalte die Begegnung ganz bewusst.

Steck dir immer ein bisschen Kleingeld in die Jackentasche, um es bei Gelegenheit jemandem zuzustecken, der darauf angewiesen ist. Übernimm eine Patenschaft bei einer vertrauenswürdigen Organisation, um ein Kind, eine Schule, ein Dorf oder ein anderes soziales Projekt zu unterstützen. Investiere deine Mittel – deine Zeit, deine Fähigkeiten und dein Geld –, um anderen das Leben ein bisschen leichter zu machen. Mach dir bewusst, dass das menschliche Leben und die menschliche Würde es wert sind, geschützt und bewahrt zu werden und absolute Priorität haben. Auch das ist Anbetung.

Lasst dich von deinen eigenen Aktivitäten nicht so sehr ablenken, dass du die heiligen Meisterwerke nicht länger wahrnimmst, die an deinem Esstisch sitzen. Die Schöpfung wird nie wichtiger sein als der Schöpfer, und was Gott erschafft, wird immer besser sein als das, was der Mensch erschaffen hat. Menschen sind wichtiger als Produkte. Beziehungen sind wichtiger als Verkaufsziele. Mach dir bewusst, dass die Verbindung zu anderen Menschen dir wichtiger sein sollte als die Kritik an ihnen. Wenn du leitest, leite mit Liebe. Auch das ist Anbetung.

Ruh dich am Ende des Tages aus – und wenn nötig auch mittendrin. Mach ein Nickerchen. Leg eine Pause ein. Nimm dir einen Tag frei. Gott hat dir Leben und Atem und Arbeit geschenkt, aber er hat dir deine Arbeit nicht anvertraut, damit sie dich auslaugt. Mach dir bewusst, wann du aufhören solltest. Setze Grenzen und lege Freiräume fest. Du arbeitest, um zu leben – aber du lebst nicht, um zu arbeiten. Erhol dich. Auch das ist Anbetung.

Und mach dir, während du deine Lieder singst, deine Memoiren schreibst, deinen Garten jätest, deine Suppe zusammenrührst, deinen Salat schwenkst und deinen Tisch deckst, während du Sex hast oder ein Nickerchen machst, bewusst: Du tust genau das, wozu du erschaffen wurdest. Und das ist Anbetung.

Freu dich am Herrn, und er wird dir geben, was dein Herz wünscht.

Psalm 37,4

Wenn Sie beten, weihen Sie Ihr Haus, Ihren Hof, Ihren Geschirrspüler, Ihr Fahrrad und Ihren Garten dem himmlischen König. Weihen Sie ihm nicht nur Ihr Herz, weihen Sie ihm auch Ihre Terrasse. Überlassen Sie ihm täglich jedes Werkzeug, das Ihnen zur Verfügung steht, damit er es zu seinem Wohlgefallen gebraucht. Es ist sowieso alles heilig.

Andrew Peterson, *Adorning the Dark*

Kapitel 12

Wir-Arbeit

Die Sache mit den Broten und den Fischen

Zusammenarbeit ist meine Lieblingsform von Arbeit. Ich bezeichne das auch gern als *Wir-Arbeit*. Wenn ich mit anderen zusammenarbeite, die dabei ihre individuellen Fähigkeiten und Gaben einbringen können, bin ich viel effektiver – gleichgültig, ob es ums Schreiben, Nachdenken, Erschaffen von Dingen oder die Erziehung meiner Kinder geht. In der Praxis sieht diese *Wir-Arbeit* so aus, dass ich mit engen Freundinnen über Ideen spreche, über die ich nachdenke; dass ich mich mit meinem Mann über die Bedürfnisse, Persönlichkeiten und Lernstile unserer Jungs austausche; dass ich mit meiner Lektorin im Gespräch bin, die mein chaotisches Manuskript aufhübscht. (Mal im Ernst: Es ist gut, dass ihr das, was ich ihr abliefere, nicht zu sehen bekommt. Sie schweigt wie ein Grab über meine chaotischen Schaffensprozesse.)

Wir-Arbeit macht mich besser. Jedes. Einzelne. Mal.

Der Heilige Geist bietet uns die mächtigste Art von *Wir-Arbeit* an. Wenn wir Menschen lieben wollen, die schwer zu lieben sind, Schulden begleichen wollen, die uns über den Kopf gewachsen sind, etwas erschaffen oder gestalten wollen, das irgendeinen Wert hat – etwa ein Buch, eine Mahlzeit, ein Gespräch, einen Menschen –, dann sind wir auf die Zusammenarbeit mit dem Heiligen Geist angewiesen. Ja, natürlich können wir all das normalerweise auch selbst tun. Aber wenn wir die Kraft des Heiligen Geistes anzapfen, vervielfacht sich einfach *alles*. Gott kann das, was wir tun, nehmen und damit etwas erschaffen, was wir uns nie hätten vorstellen können.

Es gibt tagtäglich Dinge, die *Wir-Arbeit* mit Gott sind. Für mich ist das Schreiben *Wir-Arbeit*. Die Tatsache, dass ich den Wunsch verspüre zu schreiben, ist das Werk Gottes in mir. Wenn ich mich hinsetze, um zu schreiben, ist das *meine Arbeit*. Wenn etwas auf den Seiten oder dem Bildschirm erscheint, ist das *Wir-Arbeit*. Ich kann noch nicht einmal sagen, wo hier die Grenze zwischen seinem und meinem Beitrag liegt. Aber wenn jemand liest, was ich geschrieben habe, und er den Wunsch hat, Gott kennenzulernen, wenn er den Drang verspürt, mehr über Gott zu erfahren, und sich besser in der Lage fühlt, aus der Fülle an Gutem und an Gnade zu leben, die Gott für ihn bereithält, dann weiß ich, dass Gott und ich ein Stück *Wir-Arbeit* geleistet haben. Gott kann sein Werk in mir und durch mich vollbringen, weil ich das Vertrauen hatte, mich an ihn zu wenden, still dazusitzen, zuzuhören, zu lernen, zu schreiben, Dinge zu vermitteln. *Wir-Arbeit*.

In diesem Augenblick, in dem du dieses Buch in Händen hältst, tust auch du *Wir-Arbeit*. Lernen ist *Wir-Arbeit*. Die Tatsache, dass du dieses Buch lesen *möchtest*, ist Gottes Werk. Die Tatsache, dass du dieses Buch *liest*? Das ist dein Werk. Alles, was du aus diesem Buch lernst: du und Gott gemeinsam. *Wir-Arbeit*.

Der Grund, warum wir Kenntnis von *Wir-Arbeit* haben, der Grund, warum wir wissen, dass das möglich ist und Teil unseres Lebens sein kann, ist die Bibel. Ich habe mich in die Geschichten und die biblischen Beispiele für *Wir-Arbeit* verliebt. Sie beginnen meist mit kleinen Eingebungen, scheinbar bedeutungslosen Einflüsterungen, kleinen Anstößen, die die Betreffenden vielleicht nicht so ganz genau fassen können. Aber wenn Menschen auf Gottes Eingebungen reagiert haben, wurden sie Teil seiner größeren Geschichte – selbst wenn sie vielleicht dachten, sie täten etwas Einfaches, Nebensächliches, das keine große Bedeutung haben oder Wellen schlagen kann.

Wir finden in der Bibel die bekannte Geschichte, in der Jesus an einem Nachmittag auf einem Hügel fünftausend Menschen zu essen gibt.[1] Vielleicht liegt es daran, dass ich tief in mir drin sehr gastfreudig bin und dass es überall, wo es eine Party gibt, auch reichlich zu essen gibt. Vielleicht liegt es daran, dass ich es liebe, wenn eine Geschichte für mich lebendig wird und ich mich in die Gedanken der einzelnen Personen hineinversetzen kann. So oder so, ob ich nun mit dem Kopf, dem Herzen oder dem Magen denke: Mir gefällt diese Geschichte über *Wir-Arbeit*.

Wohin Jesus auch geht, überall folgen ihm Menschen. Ständig laufen Menschenmassen hinter ihm her, und ich stelle mir gern vor, dass sie ihn von allen Seiten umringen. Selbst als Jesus versucht, sich einen kleinen Freiraum zu verschaffen, um aufzutanken, finden die Menschen ihn, umringen ihn und verlangen mehr und mehr und mehr von ihm.

Gleich zu Beginn dieser Geschichte zeigt mir Jesus, dass es eine Zeit gibt, in der man einfach für sich sein muss. Die Menschen können nicht genug von ihm und seinen Wundern bekommen und folgen ihm auf Schritt und Tritt. Er, der ihnen alles geben kann, was sie wollen und brauchen, weiß, dass er auch für sich selbst sorgen muss. Also ruft er die, denen er am meisten vertraut, zusammen und zieht sich für eine Weile aus dem Getümmel zurück.

Wenn mein introvertiertes Herz dies liest, stößt es einen Seufzer der Dankbarkeit aus.

Aber dann tauchen die Menschenmassen wieder auf, denn wie soll es auch anders sein ... Aus vielen Orten laufen die Menschen am Ufer entlang, wo er unterwegs ist, immer darauf bedacht, seinen nächsten Schritt vorauszuahnen und als Erste da zu sein. In den Evangelien wird berichtet, dass die Jünger zu Jesus kommen und ihm vorschlagen, die Leute in die umliegenden Bauernhöfe und Dörfer zu schicken, damit sie etwas zu essen erhalten, und Jesus antwortet auf die für ihn so typische Weise, für die ich ihn so sehr liebe. Wenn ich das lese, frage ich mich unweigerlich, ob er wohl schelmisch zwinkert, als er sagt: „Gebt ihr ihnen doch etwas zu essen."

„Wie denn?!", protestieren sie und weisen darauf hin, dass die Verpflegung für so viele eine Summe kosten würde, für die man monatelang arbeiten müsse.

In einer Version dieser Begebenheit fragt Jesus Philippus: „Wo können wir so viel Brot kaufen, dass all diese Menschen zu essen bekommen?" Das ist eines der ersten Probleme in der Geschichte. Jesus kennt die Antwort und er hat bereits einen Plan. Er gibt Philippus die Chance, der Held zu sein, der die Antwort kennt, aber Philippus kapiert den Sinn der Frage irgendwie nicht. Jesus fragt, wo sie Brot kaufen können, aber Philippus kommt sofort darauf zu sprechen, wie viel es kosten würde, die ganze Festgesellschaft zu verpflegen.

Dann erkundigt sich Jesus bei den Jüngern: „Wie viele Brote habt ihr?“

Sie hören sich um und berichten: „Hier ist ein kleiner Junge mit fünf Gerstenbroten und zwei Fischen. Doch was nützt uns das bei so vielen Menschen?“

Eine berechtigte Frage, eine sehr berechtigte Frage. Im Text heißt es, dass fünftausend Männer anwesend waren, und dabei werden die Frauen und Kinder nicht einmal mitgezählt. (In der jüdischen Kultur jener Zeit aßen Männer und Frauen gewöhnlich getrennt und die Kinder aßen mit den Frauen.) Die Gesamtzahl der hungrigen Menschen könnte also zehn- bis fünfzehntausend betragen haben.[2] Fünf Brote und zwei Fische? Vor diesem Hintergrund eine lächerliche Vorstellung.

Die Verfasser der Evangelien berichten weiter: „Dann nahm Jesus die Brote, dankte Gott und reichte sie den Menschen, wie viel sie auch wollten. Ebenso machte er es mit den Fischen. Und alle aßen, bis sie satt waren.“

Jesus vermehrt fünf Brote und zwei Fische, um mehr als fünftausend Menschen zu speisen. Das, was sie ihm ursprünglich geben, scheint völlig unzureichend zu sein – und genau so geht es mir im Grunde jedes Mal, wenn ich Gott etwas zur Verfügung stelle. Ich denke immer: *Na, ich weiß noch nicht, was das ist oder ob du mit meinen schwachen Versuchen hier etwas anfangen kannst, aber du kannst es haben.* Das Verrückte daran? In seinen Händen ist das, was wir ihm geben, immer genug. Wir haben das Gefühl, dass unser Beitrag ausgesprochen dürftig ist, aber er kann ihn trotzdem gebrauchen. Auf eine Art und Weise, die wir uns nicht vorstellen können, vervielfältigt er ihn über alle Maßen.

Obwohl ich in dieser Hinsicht noch eine Menge lerne, haben

wir bislang gar nicht über das Beste gesprochen – über meine Lieblingsfigur, weil sie in dieser Geschichte eigentlich gar nicht vorkommt.

Irgendwo hinter der Geschichte von der Speisung der Fünftausend steht eine Mutter, die ihrem Sohn ein einfaches Mittagessen eingepackt hat. Und das, genau das, ist meine Lieblingsstelle. Die *Wir-Arbeit*.

Irgendwo in der unerzählt gebliebenen Geschichte aus biblischer Zeit backt eine Mutter morgens ihrem Sohn ein paar Brote und gibt ihm ein Essenspaket mit, bevor er das Haus verlässt. Sie kümmert sich um ihren Jungen und kann nicht ahnen, dass Jesus diese stille Arbeit ihrer Hände, die Vorräte aus ihrer Küche und ihre fürsorgliche Liebe zu ihrem Sohn in eines seiner größten Wunder verwandeln wird.

Überseht das nicht, ihr Mütter und Väter, besonders, wenn ihr müde seid und niemand wahrzunehmen scheint, was ihr tagtäglich leistet. Man weiß einfach nie, was er mit den vermeintlichen Kleinigkeiten vorhat, die man zu geben hat, mit den Pausenbroten, die man frühmorgens schmiert, wenn man denkt, dass niemand wach ist, um es mitzubekommen.

Die Bibel ist voll von solchen Geschichten – Geschichten von Menschen, die das Richtige tun, weil es das Naheliegende ist, von Menschen, die sich mit Gott zusammentun, weil sie ihm die Arbeit ihrer Hände überlassen.

Denken wir an Maria, die Schwester von Lazarus und Martha, die Jesus ihr teures Parfüm über den Kopf gießt, als er im Haus des Pharisäers Simon zu Abend isst.[3] Die Jünger sind entrüstet und protestieren, das sei Verschwendung, man hätte das Parfüm teuer verkaufen und das Geld den Armen geben können. Jesus hat viele Antworten für sie – nicht zuletzt die, dass sie aufhören sollen, die Frau zu kritisieren. Aber dann macht er folgende rätselhafte Aussage: „Sie hat dieses Parfümöl über mir ausgegossen, um meinen Körper zum Begräbnis vorzubereiten."[4]

Diese Aussage hat sicher einiges Stirnrunzeln hervorgerufen. Die Leute, die an diesem Abendessen teilnehmen, wissen nicht, dass Jesus innerhalb der nächsten Woche verhaftet, vor Gericht gestellt und umgebracht werden wird. Das Schönste von allem: Maria weiß es auch nicht. Sie gießt ihr teures Parfüm über den lebendigen Messias aus, ohne zu wissen, dass es ein Vorbote der Dinge ist, die noch kommen sollen. Sie folgt einfach einem inneren Impuls, betritt die geschlossene Männergesellschaft und vergießt ihr Parfüm, weil sie sich von Herzen danach sehnt, den Messias anzubeten: indem sie alles, was sie hat, mit der ganzen Liebe ihres Herzens herschenkt. *Wir-Arbeit.*

Und so ist es auch bei uns: Was immer wir Gott mit offenen Händen anbieten – ob es nun vergossen, verbraucht oder am Ende sogar beschädigt wird – wir wissen nicht, was Gott letztendlich mit dieser *Wir-Arbeit* tun wird.

Sich in die Bibel zu verlieben und das Gelesene umzusetzen, ist *Wir-Arbeit.* Unser Beitrag sind die konkreten Dinge, die wir mit unseren Händen und unserer Zeit tun. Es sind die kleinen und großen Entscheidungen, zu gehorchen, das Richtige zu tun, den Menschen zu lieben, der gerade vor uns steht. Unser Beitrag besteht darin, in der Bibel zu lesen, über das nachzudenken, was wir lernen, und uns die Worte einzuprägen. Er besteht in unserem Studieren, Schreiben und Lesen. Er besteht darin, dass wir regelmäßig mit Gott im Gespräch sind und unsere Schuld bekennen. Es geht um den offenen Dialog, um Kreativität, Gespräche und kleine Schritte, die Mut erfordern. Und unser Beitrag besteht darin, dass wir uns Ruhe gönnen, damit wir nicht zu müde sind, um unseren Teil der Arbeit zu tun.

Gottes Aufgabe besteht oft in der verborgenen „Arbeit“, die wir nicht sehen können – sie ist unsichtbar, still und unauffällig. Sie geschieht hinter den Kulissen und unter der Oberfläche. Gottes Arbeit – das ist das Geschenk in Form von Heilung und Vergebung, von erhörten Gebeten und wiederhergestellten Beziehungen. Gottes Handeln zeigt sich darin, dass wir wieder zur Ruhe kommen, auch wenn wir nicht erklären können, warum wir uns besser fühlen – wir tun es einfach. Sein Wirken besteht in der Weisheit des Augenblicks, wenn er sich zeigt, um uns Kraft, das Wohlwollen anderer, Erfolg und den Einfluss zu schenken, den nur er schenken kann.

Wenn wir unseren Beitrag leisten, schaffen wir Raum für Gott, um seine Arbeit zu tun.

Wenn wir uns zur Verfügung stellen, stellt er sich uns zur Verfügung.

Eben *Wir-Arbeit.*

Ein paar Ideen für deinen Alltag

Im Alten Testament wird davon berichtet, dass David Goliath mit einer Schleuder und einem Stein besiegt – aber das war nicht der erste Kampf, den er ausfechten musste; er war gewissermaßen schon geübt im Kämpfen. David sagt zu Saul: „Mach dir keine Sorgen mehr ... Ich werde mit diesem Philister kämpfen! ... Ich hüte die Schafe meines Vaters ... Wenn ein Löwe oder ein Bär kommt, um ein Lamm aus der Herde zu rauben, dann verfolge ich ihn, schlage auf ihn ein und reiße ihm das Lamm aus dem Maul. ... Der Herr, der mich aus den Klauen des Löwen und des Bären gerettet hat, wird mich auch vor diesem Philister retten!"[5] David war zuverlässig, wenn es um die alltäglichen Aufgaben ging; er tat das Naheliegende, und Gott besiegte eine Armee durch das, was er (David) ihm zur Verfügung stellte.

Oder nehmen wir Maria. Sie war jung, arm und vor allem eine Frau – allesamt Eigenschaften, wegen derer sie in der damaligen Kultur nicht wirklich zählte. Und doch wählte Gott sie für die wichtigste Rolle in der Geschichte der Menschheit aus. Manchmal vergessen wir, dass es damals eine echte Katastrophe war, wenn ein junges, unverheiratetes Mädchen schwanger wurde. Wenn ihr Vater sie verstieß, war sie unter Umständen gezwungen, zu betteln oder sich zu prostituieren, um den Lebensunterhalt für sich und ihr Kind zu verdienen; wenn der Vater des Kindes nicht in die Hochzeit einwilligte, würde sie wahrscheinlich ihr Leben lang unverheiratet bleiben. Und Maria riskierte mit der Behauptung, vom Heiligen Geist schwanger geworden zu sein, obendrein, als verrückt abgestempelt zu werden. Doch als der Engel Gabriel zu ihr kommt, um ihr mitzuteilen, dass sie dieses Kind zur Welt bringen wird, entgegnet sie ganz schlicht: „Möge alles, was du gesagt hast, wahr werden und mir geschehen."[6] Sie weiß noch nicht, welche ungeheure Chance vor ihr liegt, und auch nicht, welch unvorstellbarer Schmerz sie erwartet. Wir können uns heute ausmalen, dass ihre Altersgenossinnen sich wahrscheinlich über sie lustig machen werden – und wir wissen, dass ihr Sohn abgelehnt und ermordet werden wird – aber auch, dass alle kommenden Generationen sie preisen werden und dass ihre Einwilligung mit der Erlösung der Welt enden wird. Doch all das kann sie nicht wissen, als sie Ja sagt. Sie weiß nur, dass Gott sie bittet, sich ihm zur Verfügung zu stellen, und sie gehorcht. Und deshalb sagt sie zu Gabriel: „Ich bin dabei!"

Die Bibel hilft uns zu erkennen, dass es in diesen Geschichten nicht um außergewöhnliche Menschen geht, die außergewöhnliche Dinge tun, sondern um Menschen wie du und ich, die mit einem außergewöhnlichen Gott zusammenarbeiten. Der Heilige Geist spricht heute dieselbe Einladung aus – angefangen damit, dass er die entsprechende Bereitschaft in uns weckt. Wenn du zögerst, Angst hast oder dich nicht traust, kann er in dir den Wunsch wecken, es zu wollen. Wenn du merkst, dass es dir schwerfällt, „ich will" zu sagen, dann bitte doch Gott darum. *Gott, ich will es wollen können.*

Bitte Gott um dieses Segensgeschenk – das Geschenk der *Wir-Arbeit* –, egal, ob es um deine Gespräche mit anderen, deine Ehe, die Erziehung deiner Kinder, deine Lehrtätigkeit, deine Artikel und Bücher, deinen Umgang mit den Finanzen, das zwischenmenschliche Miteinander geht. Aus allem kann mehr werden, wenn du mit Gott zusammenarbeitest.

Mach mich treu in meinem Schaffen ... Lass mich gewissenhaft sein in der nötigen Disziplin und Arbeit, aber lass mich nie vergessen, dass all diese Treue nur einen geschliffenen Stein hervorbringt, der bedeutungslos ist, bis er von innen durch deinen Atem belebt, bis er von dir in eine Krone eingesetzt wird, die von deiner Hand erschaffen wurde.

Douglas McKelvey, *Every Moment Holy*

Kapitel 13

Treibsand

Wenn du genau weißt, was du sagen solltest

Ich dachte wirklich, dass Treibsand in meinem Leben viel größere Probleme verursachen würde. In meiner Kindheit wurde so viel über Treibsand gesprochen – er tauchte ständig in irgendwelchen Märchenbüchern und Filmen auf –, dass ich wohl immer dachte, wenn ich mal erwachsen wäre, würde er eine riesige Gefahr darstellen. Aber ich hatte bis heute noch nie mit Treibsand zu tun.

Das Gleiche gilt für die Gefahr, plötzlich in Flammen zu stehen. Gefühlt hatte ich ständig gehört, dass man sich dann zu Boden werfen und herumrollen sollte. Daher dachte ich, dass es viel häufiger vorkommt, dass Menschen plötzlich in Flammen stehen.

Und dann die Sache mit den Drogen. Ich war auf jeden Fall darauf vorbereitet, dazu Nein zu sagen, aber bisher hat mir noch niemand aufgelauert und versucht, mich zum Konsum von Drogen und Zigaretten zu bewegen – etwas, vor dem ich in meiner Kindheit ständig gewarnt wurde.

Ich hatte auch große Angst davor, in den Westen zu ziehen, weil ich dachte, dort würde man Konflikte noch immer mithilfe von Duellen lösen. Zum Glück wurde ich aber nicht vor 200 Jahren in einer winzigen Stadt mit staubigen Straßen geboren, denn ich wüsste nicht, wie ich damals all das Wettschießen jemals überlebt hätte.

Die Sache ist die: „Jemandem von Jesus erzählen“ fiel für mich in dieselbe Kategorie von Dingen, mit denen ich völlig falsche Erwartungen verband. Ich wurde wirklich darauf trainiert. Es gibt ein Farbmuster, das sich regelrecht in mein Gehirn eingebrannt hat: schwarz, rot, blau, weiß, grün, gold – jede Farbe ist mit einer konkreten Bedeutung und einer Zeile auf der sogenannten „Römerstraße“ verbunden, um „einen Menschen zum Herrn zu führen“. Das Perlenarmband, das *Wordless Book*[1], das ebenfalls aus bestimmten Farben mit konkreten Bedeutungen besteht, und ein seltsamer Clown aus Garn, nur für den Fall, dass ich seine Arme und Beine als Gesprächsanregung benutzen wollte.

(Vielleicht sind diese Hilfsmittel der Grund dafür, dass ich mich mit vereinfachten Formeln, überstrapazierten Klischees, einfachen Antworten und peinlichen Gesprächen unwohl fühle. Ich wollte schlicht niemandem mithilfe eines bunten Armbands, meines Heftchens aus Bastelpapier oder eines durchgeknallten Garnclowns mitteilen, wie er sein Leben führen und sich auf sein Leben nach dem Tod vorbereiten solle.)

Ich wurde für solche Diskussionen geschult, aber niemand hat mir jemals diese Fragen gestellt. Niemand wollte über diese Dinge sprechen. Diese Strategien fielen also in dieselbe Kategorie wie „Treibsand“, „Feuer fangen“ und „Duelle in Westernstädten“. Ich fühlte mich imstande, entsprechend darauf zu reagieren – aber das war nie nötig.

Stell dir also meine Überraschung vor, als eine meiner

besten Freundinnen auf einer Hochzeitsfeier einen Stuhl heranzog und sagte: „Tricia, ich möchte über dein neues Buch sprechen. Ich habe so viele Fragen zur Bibel."

Warum ist mir gerade das Herz in die Hose gerutscht? Warum finde ich diese Frage so bedrohlich?

Zunächst einmal wusste ich noch nicht so recht, wie ich über dieses Buch sprechen sollte. Abgesehen davon, dass ich sagte: „Ich schreibe ein Buch über die Liebe zur Bibel und was sie mit unserem Alltag zu tun hat", wusste ich nicht, wie ich über *dieses Buch* sprechen sollte, ohne wie ein abgedrehter Christ zu klingen, der von Tür zu Tür gehen und mit den Menschen über Jesus sprechen will, auch wenn auf einem Schild „Betteln und Hausieren verboten" steht.

Ich bin eben kein Verkäufer. Im Ernst: Wenn du es nicht willst, werde ich es dir auch nicht aufdrängen. Ich bin einfach nicht dafür gemacht. Was mich zu einer nicht wirklich guten Buchverkäuferin und zu einer noch weniger guten Evangelistin macht. Ich kann niemanden davon überzeugen, meine Bücher zu kaufen, geschweige denn davon, dass Gott real ist. Ob man etwas damit anfangen kann – das muss man selbst ausprobieren.

Aber da saß ich nun und hatte nur ein paar Minuten Zeit, um meiner liebsten Herzensfreundin so viele Dinge zu sagen: 1. über mein neues Buch, 2. in dem es darum geht, sich in die Bibel zu verlieben, 3. obwohl ich vermutete, dass es kein Buch ist, das sie lesen würde. Sie und ich sind aus dem gleichen Holz geschnitzt, aber wir haben nie den gleichen Glauben praktiziert. Wir sind zwar gemeinsam auf unserer Lebensstraße unterwegs, respektieren aber im Stillen, dass die jeweils andere einen unterschiedlichen spirituellen Pfad eingeschlagen hat.

Und dann sagte sie: „Meine Tochter geht jetzt auf eine christliche Schule und beschäftigt sich zwangsläufig täglich mit der Bibel. Ich habe das ganze Zeug noch nie gelesen und so viele Fragen. Kannst du mir vor allem Folgendes erklären: Warum ist Jesus am Kreuz gestorben? Ich meine, ich verstehe, *dass* es so war, aber *warum*?"

(*Lieber Gott, es geht direkt ans Eingemachte!*) Ich versuchte, locker zu bleiben, aber ich betete wie verrückt. *(Gott, ich brauche deine Antwort für mich. In mir. Durch mich. Dies ist dein Bereich. Wenn du mir jemals Worte geschenkt hast, dann jetzt. Amen und amen.)*

Vor mir saß ein Mensch, der über die wichtigste Grundlage meines Glaubens sprechen wollte – *sie* fragte *mich*. Und sie war nicht irgendeine beliebige Person, der ich zufällig begegnete, sondern ein echter Mensch, der mir wirklich etwas bedeutet. Sie wollte wissen, warum Jesus am Kreuz gestorben ist und warum das für sie wichtig sein sollte.

Ich sagte: „Nun, die Menschen mussten damals Hunderte von Regeln befolgen. Jede dieser Regeln sollte dafür sorgen, dass die Menschen mit Gott in Verbindung bleiben konnten. Und wenn jemand gegen eine Regel verstieß, gab es nur eine Möglichkeit, wieder mit Gott ins Reine zu kommen: Man musste ein Tier opfern. Es gab da dieses wahnsinnig komplizierte System, in dem Tierblut als Gegenleistung für Vergebung vergossen wurde. Die Menschen mussten also alle Dinge aufschreiben, die sie falsch gemacht hatten, und diese Liste dem Priester vorlegen. Er teilte ihnen dann mit, wie viele Tiere sie opfern mussten, um mit Gott ins Reine zu kommen."

„Das sind aber eine Menge Tiere", sagte sie.

„Und eine Menge Blut. Ständig Regeln einhalten oder Punkte zählen zu müssen, um den Überblick zu behalten – das war eine anstrengende Art zu leben. Aber weil Gott die Menschen so sehr liebt und sich danach sehnte, dass sie ihm nahekamen, unterbreitete er ihnen einen neuen Vorschlag: Die Menschen würden nicht länger Tiere opfern und deren Blut vergießen müssen, sondern er würde seinen eigenen Sohn Jesus opfern."

Sie nickte, als ob das, was ich sagte, Sinn ergäbe, also kämpfte ich mich weiter.

„Jesus hat gewissermaßen gesagt: ‚Mein Opfer wird genug sein – es wird eure Schuld ein für alle Mal auslöschen.' Dieses krampfhafte Einhalten von Regeln? Das ist Geschichte. Das Töten von Tieren? Das ist vorbei. Und wenn du glaubst, dass Jesus wirklich gestorben ist, um deine Beziehung mit Gott wieder ins Reine zu bringen und deine Schuld gewissermaßen auszulöschen, dann musst du nur dieses Angebot annehmen."

Meine Freundin sah mich einen Moment lang an. Sie war ganz still. Dann sagte sie: „Warum hat mir das eigentlich nie jemand gesagt?"

(*Mmh*, dachte ich, *das war jetzt leichter, als ich gedacht hätte).*

„Deshalb ist er also gestorben? So funktioniert das Ganze also?"

„Ja. Und dazu gehört noch etwas: Wenn du seine Einladung annimmst, wird er dir auch das ewige Leben schenken. Dein Glaube allein reicht aus. Und dann gibt es nichts mehr, wovor du dich fürchten müsstest. Auch nicht vor dem Tod. Er hat nicht länger Macht über dich. Das bedeutet nicht, dass dir nie etwas Schlimmes widerfahren wird – aber du kannst sicher sein, dass du es mit nichts allein aufnehmen musst."

Sie erwiderte: „Ich denke da an meinen Mann. Er hat so viele Fragen. Ich weiß nicht, ob er sich darauf einlässt."

„Ehrlich gesagt", meinte ich, „kann ich das verstehen. Man ist allein deshalb errettet, weil man das Rettungsangebot von Jesus angenommen hat. Das klingt beinahe zu einfach. Man muss doch eigentlich etwas tun, um gerettet zu werden, oder? Die Menschen machen den christlichen Glauben gern viel schwieriger, als er ist – als müssten wir einen Haufen Regeln oder Verbote einhalten, um uns den Weg zu Gott zu verdienen. Alles andere scheint zu einfach zu sein, aber Jesus hat deutlich gemacht: Das ist der einzige Weg. Jede andere Religion basiert auf einem anderen Kerngedanken. Jede andere Religion beinhaltet irgendeine Form von Leistungszwang. Wenn du dich nur ausreichend abmühst, kämpfst und abstrampelst, Geld gibst oder was auch immer, dann bringt dich das unter Umständen in eine gute Ausgangsposition, sodass du es schaffst. Der christliche Glaube ist anders.

Was deinen Mann angeht, so liegt die Entscheidung bei ihm und bei Gott. Glaube bedeutet, dass wir unsere eigene Entscheidung treffen dürfen. Wir können sie nicht für jemand anderen treffen und Gott wird sie uns auch nicht aufzwingen."

Ich erzählte ihr, dass ich oft an diesen Dieb denke, der neben Jesus gekreuzigt wurde und der sich in den letzten Momenten dieser letzten Stunde seines Lebens an Jesus wandte. Wir kennen seine Geschichte nicht. Was wir aber wissen, ist: Als er im Sterben lag, bekannte dieser Mann, wer Jesus ist, und dann sagte dieser: „Heute noch wirst du mit mir im Paradies sein."[2] Ich erzählte ihr weiter, dass ich oft über die Familie dieses Mannes nachgedacht hatte, darüber, dass sie vielleicht nicht anwesend war oder sich zu sehr geschämt hatte, um in seiner Nähe zu stehen. Dass sie dieses letzte Gespräch verpasst hatte. Vielleicht dachte seine Familie ja, dass er mit all seiner Schuld gestorben war als der Dieb, der er gewesen war, als jemand, der sein gesamtes Leben lang sein eigenes Ding gemacht hatte und nun starb, ohne mit Gott im Reinen zu sein. Und vielleicht waren sie selbst gläubige Menschen gewesen und erfuhren erst, als sie selbst in den Himmel kamen und sich umsahen, dass er dort war und auf sie wartete.

Und hier muss ich mich an die eigene Nase fassen. Bei wie vielen Menschen habe ich dieselbe Vermutung geäußert? Im Glauben, sie seien gestorben, ohne Jesus zu kennen? Ich weiß doch nicht, was zwischen ihnen und Gott geschieht, denn das geht mich eigentlich nichts an. Es ist eine Sache zwischen ihnen und Gott.

Meine Freundin war eingeladen, diese Entscheidung auch zu treffen und den Verlauf ihres Lebens – und darüber hinaus – zu ändern.

Ich möchte vorsichtig sein, wenn ich über das Wort *Glaube* spreche. Glaube ist nicht etwas, das wir vorweisen müssen, um uns den Zutritt in den Himmel zu verdienen. Wenn das der Fall wäre, dann wäre der Glaube nur ein weiterer Punkt auf der Liste der Dinge, die wir tun müssen – ein Rückschritt in die Befolgung irgendwelcher Regeln. Nichts von dem, was wir tun, kann uns jemals retten – nicht einmal unsere eigenen Bemühungen, mit aller Kraft zu glauben.

Der Glaube ist ein Geschenk, das Gott uns macht, weil er uns rettet. In dieser grandiosen Gnade, die mich schier überwältigt, schenkt er uns den Glauben.

Wenn die Bibel für dich Neuland ist und die Sache mit Gott ebenfalls – spürst du tief in dir das Bedürfnis, mehr Fragen zu stellen, mehr zu lernen? Das ist das Flüstern des Heiligen Geistes, der dir die Gabe des Glaubens schenkt. Er lädt dich zu einer Beziehung ein, in der du unendlich geliebt und ihm immer ähnlicher wirst. Durch den Glauben, den er uns schenkt, überbrückt er die Kluft zwischen den unvollkommenen Menschen und einem vollkommenen Gott, und er trägt uns vom Tod ins Leben.

Deine Aufgabe besteht einfach darin, dein Herz zu öffnen. Lass ihn den Samen des Glaubens hineinsäen.

Ein paar flüchtige Augenblicke lang erzählte ich meiner Herzensfreundin vom Kern all dessen, was ich glaube, vom roten Faden, der die Geschichten der Bibel zusammenbindet, von der Schöpfung bis zur Ewigkeit. Es war ein heiliger Moment, wir standen auf heiligem Boden – kurz bevor uns eine mitreißende Darbietung von „Paradise by the Dashboard Light“ auf die Tanzfläche trieb.

Wenn wir die Bibel lesen, wenn wir auf ihren Seiten entdecken, wer Jesus wirklich ist, können wir die wahre Antwort auf das Leben und den Glauben finden – und bereit sein, eine Antwort zu geben, wenn man uns danach fragt. Wir brauchen keine auswendig gelernten Zeilen, kein Skript, das wir befolgen müssen, keine ausgedachten Worte, die steif und unpersönlich klingen. Wir brauchen nur die Wahrheit, die durch die Bibel in unser Leben geflossen ist. Die Bibel ist für jeden von uns da, und wenn wir das wissen, können wir diese Wahrheit auch mit anderen Menschen teilen.

Früher trafen manchmal mit der Werbepost falsche Schecks ein, die auf horrende Summen ausgestellt waren. Und auf den ersten Blick sahen die auch gut aus. An uns persönlich adressiert, auf uns ausgestellt, alles für *uns*. Schon allein der Blick auf einen solchen Scheck ließ unser Herz höher schlagen. Wir brauchten nur zu unterschreiben, und schon waren ausstehende Rechnungen bezahlt oder das Konto ausgeglichen.

Aber spätestens wenn wir genauer hinschauten, wurde klar, dass diese „Schecks“ nicht unterschrieben waren. Das Geld würde uns nie zur Verfügung stehen. Egal, welcher Betrag dort eingesetzt war – die ganzen Informationen waren wirkungslos.

Beim Wort Gottes ist das aber anders: „Es bleibt nicht ohne Wirkung, sondern erreicht, was ich will, und führt das aus, was ich ihm aufgetragen habe.“[3] Wenn Gott das sagt, kann ich darauf vertrauen, dass es sich nicht um einen Betrug handelt. Es ist kein Trick. Und ich werde nie leer ausgehen. Denn wenn ich mich intensiv mit der Bibel beschäftige, investiere ich. Ich speichere sie in meinem Herzen und in meinem Verstand. Die Bibel enthält viele tiefgehende Wahrheiten, die mich genau dort erreichen, wo ich gerade stehe, und die ein Licht auf meine Sorgen, meine Verletzungen, meine Ängste, meine Beziehungen und meine Entscheidungen werfen. Selbst wenn ich etwas lese, das scheinbar *nicht* auf mich zutrifft, etwas, das für mich wenig Sinn ergibt, etwas, das mehr Fragen als Antworten aufwirft: Es wird nicht wirkungslos bleiben. Es gehört in die Kategorie „vielleicht nicht heute“ und nicht in die Rubrik „trifft überhaupt nicht zu“. Gottes Worte sind nicht bedeutungslos. Sie werden mir in dem Moment wieder einfallen, in dem ich sie brauche. Die Worte werden in meinem Kopf auftauchen, wenn ich Trost oder Klarheit brauche. Die Prinzipien werden zu einem Baustein für etwas, das ich später lernen werde, etwas, das ich nicht hätte verstehen können, wenn ich es nicht zuerst gelernt hätte. Das Wort Gottes bleibt nicht ohne Wirkung. Es enthält etwas, den Samen von etwas, das ich sozusagen mit zur Bank nehmen kann.

Gott wird seine Worte in deinem Leben so einsetzen, wie es seinen liebevollen Absichten entspricht, und es ist spannend zu sehen, wie er dir dort begegnet. Seine Worte sind relevant. Sie haben eine tiefe Bedeutung. Sie bleiben nicht ohne Wirkung.

Als ich mich an meinen Schreibtisch setzte, um dieses Buch darüber zu schreiben, dass man sich in die Bibel verlieben kann, war ich zuerst etwas mutlos. Ich fing an, Notizen und Ideen, Erkenntnisse und Entdeckungen, Geschichten und Konzepte zusammenzustellen. Aber ich empfand dabei weder Begeisterung noch Vorfreude, sondern eher eine gewisse Anspannung. Gottes Worte sind so mächtig und tief und facettenreich, so viel größer als alles, was ich fassen oder zu Papier bringen könnte. Als ich meine Gedanken festhielt, kam es mir eher so vor, als befände ich mich in einem heftigen Sturm und würde versuchen, einen riesigen Strauß von Ballons festzuhalten.

Aber es ist nicht an mir, die Bibel – Gottes Wort – in irgendwelche Bahnen zu leiten oder mit ihnen zu ringen. Meine Aufgabe besteht nur darin, das festzuhalten, was ich erlebt und erkannt habe, wie Gott mir auf den Seiten der Bibel begegnet ist und wie er vielleicht auch dir begegnen möchte. Wenn man die Bibel lieben lernen will, verläuft das nicht unbedingt geradlinig; es gibt keine Checkliste, keinen vorgezeichneten Weg. Deshalb hoffe ich, dass ich dir auf den Seiten dieses Buches einen kleinen Einblick, einen Vorgeschmack darauf geben kann, dass die Bibel nicht nur dafür gedacht ist, dass man im Gottesdienst daraus vorliest oder dass du mal hin und wieder einen Blick hineinwirfst – Gottes Worte sind lebendig und wirken bis in unser Alltagsleben hinein.

Ich möchte, dass du Folgendes weißt: Die Zeit, die du mit dem Wort Gottes verbringst, ist nie verschwendet. Dieser Scheck wird gewissermaßen immer höher – es kommen immer mehr Nullen hinzu. Und er ist unterschrieben. Gott hat ihn unterschrieben. Er hält immer, was er verspricht. Und deshalb hat sein Buch auch eine Botschaft für dich und für mich, ganz gleich, was uns an diesem Tag bevorsteht, welche Freundschaft in die Brüche geht oder welche Angst an uns nagt. Er wird uns auf den Seiten der Bibel begegnen, auch wenn wir das vielleicht nicht gleich erkennen sollten.

Ich kann dir natürlich keine Versprechungen machen, aber das Schöne ist: Das Versprechen ist nicht von mir. Es ist von ihm.

Er lädt uns ein, zu ihm zu kommen, und er ruft uns auf, bei ihm zu bleiben, das heißt, ihm nahe- und immer näherzukommen. Er verspricht dir, dass die Zeit mit ihm, die Zeit, die wir damit zubringen, ihn zu suchen und zu finden, niemals vergeudet sein wird. Halten wir uns mit beiden Händen an dieser Verheißung fest: Die Zeit, die wir mit Gott verbringen, ist nie verschwendet. Gott hat das gesagt und ich verlasse mich darauf.

Mir ist klar, dass du dich vielleicht immer noch fragst, ob die Bibel wirklich etwas mit deinem Leben und deinem Alltag zu tun hat. Vielleicht sagst du:

„Ich stamme nicht aus einer religiösen Familie."

„Ich besitze nicht einmal eine Bibel."

„Ich gehöre nicht zu eurem Klub."

„Ich bin nicht in der Kirche groß geworden."

Das kann ich verstehen. Wir haben wahrscheinlich alle schon einmal erlebt, dass sich das Christentum wie ein Klub anfühlen kann, dem man beitreten muss, und wenn man die Passwörter nicht kennt und die Sprache nicht spricht, bleibt man außen vor. Es gibt sicher unzählige Menschen, die sich so gefühlt haben, aber selbst die gläubigsten Christinnen und Christen können ihre Abstammung bis zu einer Zeit zurückverfolgen, in der jemand draußen stand und zugesehen hat.

Ich bin berührt, gefesselt, fasziniert von einem Abschnitt, in dem Salomo für die Fremden betet, die von der Liebe Gottes hören werden, auch wenn sie nicht zur „In-Crowd" der Israeliten gehören, den ursprünglichen Vorsitzenden des „Klubs".

Salomo betet: „Wenn Fremde, die nicht zu deinem Volk der Israeliten gehören, von deinem großen Namen und deinen gewaltigen Wundern hören und von deiner Macht und aus fernen Ländern hierherkommen und ... beten, dann höre sie im Himmel ... Denn alle Völker der Erde sollen dich erkennen und achten, so wie dein Volk der Israeliten es tut."[4]

Die Fremden. Das bin ich. Meine Familie. Meine Gemeinde. Und vielleicht du auch. Wir entstammen nicht dem Geschlecht Jakobs. Wir gehören nicht durch Abstammung, Vererbung oder Auserwählung zu Gottes Volk. In jeder Hinsicht sind wir – so Salomo – Außenseiter, die von Gottes großem Namen, seiner Macht und seinem Handeln gehört haben. Salomo betet an jenem Tag für mich und für dich und bittet Gott, uns zu erhören.

Vergessen wir nie, dass es eine Zeit gab, in der wir draußen standen und zusahen. Und die Seiten der Bibel sind übersät mit Menschen, die die Spur wechselten, weil sie sich nach dem sehnten, was Gott anbietet, und um ehrlich zu sein, ein paar davon sind gerade noch so reingeschlüpft. Wir können überall in der Bibel sehen, dass Menschen unabhängig von ihrer Herkunft die Möglichkeit hatten, Teil der Geschichte zu werden. Selbst wenn du das Gefühl hast, nicht aus dem richtigen Milieu zu stammen oder Dinge getan zu haben, die dich von der Einladung ausschließen – es ist nicht so. Du kannst dazugehören.

Als Mose nach den Frosch- und Heuschreckenplagen, den blutigen Flüssen und dem Tod der erstgeborenen Söhne das Volk der Israeliten schließlich aus Ägypten herausführen konnte, deutete der Pharao mit dem Finger auf die Grenze und sagte: „Raus!" Und das Volk machte sich so schnell auf den Weg, dass die Menschen keine Zeit hatten, den Teig für das Brot aufgehen zu lassen. In diesem Teil der Geschichte verbirgt sich eine interessante Fußnote: „So brachen denn die Israeliten von Ramses nach Sukkoth auf, ungefähr 600 000 Mann zu Fuß, die Männer allein, ungerechnet die Weiber und Kinder. *Auch viel zusammengelaufenes Volk zog mit ihnen, dazu Kleinvieh und Rinder, eine gewaltige Menge Vieh.*"[5] (Hervorhebung von mir, weil ich Kursivschrift liebe und diese Info unbedingt hervorgehoben werden sollte.)

Zusammengelaufenes Volk. Das ist ein Mob. Kannst du es dir vorstellen? Der „Pöbel" – offenbar uneingeladen, ausgeschlossen, nicht auserwählt und außen vor gelassen – beschloss, dass er dabei sein wollte. Sie mischten sich unter die Menge, um zu denen zu gehören, die Ägypten gerade noch rechtzeitig entkommen konnten. Ich stelle mir vor, wie sie sagen: „Ich will dahin, wo die auch hingehen. Ich will das, was sie haben. Ich möchte ihrem Gott folgen. Nehmt mich mit! Ich will hier weg! Ich folge diesem Mann und seinem Gott."

Und sie folgten Mose heraus aus Ägypten, vom Schauplatz der Plagen, und direkt in das trockene Land am Roten Meer. Sie waren nicht von Anfang an Teil seiner Gruppe, aber die Menschen wollten diesem Gott folgen, der eindeutig das Sagen hatte. Ich stelle mir gern vor, dass sie einfach so mit dem Volk der Israeliten mitzogen und das Gefühl hatten, sie hätten es gerade noch so geschafft.

Und wenn du immer noch den Eindruck hast, dass das alles ja nichts mit dir zu tun hat oder nicht für dich gilt, dann lass mich dir Folgendes sagen:

Gott sagt von sich: „Ich habe mich von Menschen finden lassen, die nicht nach mir suchten. Ich habe mich denen zu erkennen gegeben, die nicht nach mir fragten."[6]

Und auch das sagt er: „Die nicht mein Volk waren, will ich jetzt mein Volk nennen. Und ich will lieben, die ich zuvor nicht geliebt habe ... Früher wurde ihnen gesagt: ‚Ihr seid nicht mein Volk.' Doch jetzt sollen sie Kinder des lebendigen Gottes genannt werden."[7]

(Damit bist du gemeint.)

Ein paar Ideen für deinen Alltag

Manche Personen, deren Geschichten in der Bibel erzählt werden, berichten anderen mutig von ihrem Gott und haben auch keine Angst vor den Risiken. Wie Saulus aus dem Neuen Testament, der vermutlich unwahrscheinlichste Kandidat dafür, dass er je seine Meinung ändern und Christus folgen würde.

Er hasste die Menschen, die Jesus folgten, und war für den Tod der ersten Gläubigen verantwortlich – bis er Jesus Christus persönlich begegnete. Er erkannte, dass dieser wirklich der war, der er zu sein behauptete, bekannte seine Schuld, stellte sein Leben ganz in seinen Dienst und beschloss, ihm in allem, was er tat, zu folgen. Und anschließend ging er gleich in die Synagoge, um seinen jüdischen Brüdern von Jesus Christus zu erzählen.[8] Er verschwendete keine Zeit und hielt mit seiner Botschaft auch nicht hinter dem Berg.

Oder schauen wir uns die Frau an, der Jesus an einem Brunnen begegnete. Sie war Samariterin, also eine Angehörige einer von den Juden gemiedenen gemischten Volksgruppe; sie war außerdem dafür bekannt, dass sie schon mehrere Männer gehabt hatte und mit dem aktuellen nicht verheiratet war. Und genau deshalb kam sie auch mitten am Tag zum Brunnen, um Wasser zu schöpfen: um das Gespräch mit Menschen zu vermeiden, die ihren Ruf kannten. Und dann tauchte Jesus auf und lud sie ein, ihr Leben zu verändern. Er bot ihr seine Freundschaft an. Und was tat sie? Die Frau ließ ihren Wasserkrug neben dem Brunnen stehen und lief zurück ins Dorf, um allen mitzuteilen, dass sie sich diesen Mann unbedingt ansehen sollten.[9] „Kommt und lernt diesen Mann kennen, der die Regeln verändert!“ Sie hielt mit ihrer Begeisterung nicht hinter dem Berg.

Aber andere, die Jesus begegneten, machten das nicht gleich so öffentlich. Nikodemus hatte Angst, jemand könnte mitbekommen, dass er sich mit Jesus unterhielt – doch er hatte einfach eine Menge Fragen. Er wollte etwas lernen und verabredete sich heimlich mit Jesus, im Dunkel der Nacht. Wir wissen sehr wenig über diesen Mann, denn er hielt mit seiner Entscheidung hinter dem Berg, aber wir wissen, dass er aus dieser Begegnung verändert hervorging. Er tat einen mutigen Schritt, riskierte alles, behielt seinen Entschluss aber für sich – das Ganze war nur eine Sache zwischen ihm und Jesus.[10]

Josef von Arimathäa, ein weiterer Vertreter der religiösen Elite, war ebenfalls ein Jünger von Jesus – heimlich, still und leise, denn er hatte Angst vor seinen Pharisäerfreunden, die ihn verurteilten. Als Jesus gestorben war und leblos am Kreuz hing, bat Josef um die Erlaubnis, den Leichnam abzunehmen. Als Pilatus die Erlaubnis erteilte, holte Josef den Leichnam, und – siehe da! – wir können lesen: „Auch Nikodemus, der Jesus einmal in der Nacht aufgesucht hatte, kam."[11] Gemeinsam folgten sie den jüdischen Bestattungsbräuchen und wickelten den Leichnam von Jesus mit Gewürzen in lange Leintücher ein. Josef stiftete auch das Grab, in dem Jesus begraben wurde.[12] Seine Verbundenheit mit Jesus hielt er aber offenbar vor seinen Freunden geheim.

Nicht jeder redet lautstark von seiner Beziehung zu Jesus. Das musst du auch nicht. Du musst es nicht jedem erzählen. Du musst dir keine Gemeinde suchen, in der du am Sonntag zum Altar marschieren und „deine Entscheidung verkünden" kannst. Du musst dein Facebook-Profil nicht aktualisieren, um deine religiösen Überzeugungen bekanntzugeben. Du kannst die Sache ruhig und persönlich angehen. Du kannst es allen sagen oder niemandem. Du kannst es auch nur Jesus mitteilen.

Du musst Jesus nicht lautstark folgen, nur treu. Sei bereit für die Gelegenheiten, die er dir eröffnet, die Gespräche, zu denen er dich einlädt, und die Menschen, die er in dein Leben bringt.

Gott ist darauf spezialisiert, Menschen zu finden und zu verändern, die sich selbst für unerreichbar halten. Entscheide dich im Stillen oder entscheide dich lautstark.

Aber entscheide dich noch heute.

Alle Menschen wissen um Gott. Tief drinnen spüren sie, dass sie etwas oder jemanden brauchen, der höher und unendlich größer ist als sie. Beten (und wenn es nur ein Hilfeschrei in die Luft ist) ist der Versuch, mit diesem Wesen und dieser Realität in Verbindung zu treten. ... Alles Beten ist eine Reaktion auf Gott. Immer ist Gott der Initiator; vor dem Bitten kommt immer ein „Hören". Zuerst kommt immer Gott zu uns, oder wir würden nie vor ihn treten.

Timothy Keller, *Beten*[13]

Epilog

Ein Ausbilder erzählte mir einmal von einer engagierten Lehrerin, die ihre Schüler jede Woche zu sich nach Hause einlud. Sie schlug ein dickes, altes Buch auf, und jede Woche vertiefte sie sich mit ihren Schülern in einen Text, las die Kommentare und diskutierte mit ihnen über das, was sie lernten und wie es sie inspirierte. Das klang ganz nach einer Veranstaltung für mich. Ich war begeistert von der Idee.

Eines Abends gingen drei der Schüler gemeinsam nach Hause und einer sagte zu den anderen beiden: „Ich habe das Gefühl, dass ich mich bei euch entschuldigen muss. Ich habe den ganzen Abend mit der Lehrerin gesprochen, und ihr hattet keine Chance, mal zu Wort zu kommen. Das war echt egoistisch von mir, tut mir leid."

Der zweite Schüler meinte: „Willst du mich verarschen? Wovon redest du? Offensichtlich bin *ich* derjenige, der das Gespräch an sich gerissen hat. *Ich* bin derjenige, der die volle Aufmerksamkeit der Lehrerin hatte, und *ich* bin derjenige, der sich entschuldigen sollte."

Schließlich sagte der dritte: „Wartet mal. Ich habe das Gefühl, *ich* sollte mich entschuldigen. *Ich* habe doch heute Abend ihre Zeit und ihre Aufmerksamkeit in Anspruch genommen."

Und in diesem Moment erkannten die drei, was geschehen war: Sie hatten alle das erhalten, was sie brauchten – die Erkenntnisse, die sie gesucht hatten, und die zwischenmenschliche Verbindung, nach der sie sich sehnten.

Und ähnlich ist es auch, wenn wir die Bibel aufschlagen und Zeit mit dem Gott verbringen, der uns auf ihren Seiten begegnet. Jeder von uns kann diese Leben spendenden Worte lesen und das Gefühl haben, dass er direkt zu uns spricht, ganz gezielt zu uns, nur zu uns.

Ich mache mir gern Notizen und ich verarbeite meine Gedanken gewöhnlich mit einem Stift auf einem Blatt Papier. Wenn ich etwas lerne, möchte ich es auch aufschreiben. Das ist vielleicht ein bisschen zwanghaft von mir, doch manchmal habe ich wirklich das Gefühl, dass ich etwas nicht wirklich begriffen habe, wenn ich es nicht aufgeschrieben habe.

Ich saß einmal in einem Schreibkurs, und während des Unterrichts lernte ich so, wie ich eben lerne: Ich schrieb wie wild mit. Es war ein ziemliches Gekritzel.

Irgendwann ging die Dozentin an mir vorbei, legte mir die Hand auf den Arm und sagte: „Tricia, wenn du durch Nebel läufst, wirst du nass werden."

Ich nickte wissend, aber insgeheim dachte ich: *Mmmm, okay, Yoda. Ich weiß nicht wirklich, was du meinst, aber ich werde es mir aufschreiben.* Sie unterbrach meine Notizen erneut, indem sie mir ihre Hand ein weiteres Mal auf den Arm legte: „Du versuchst, alles aufzufangen wie Regen in einem Eimer. Aber so funktioniert die Sache mit dem Lernen nicht. Lernen ist wie Nebel, der sich auf deiner Kleidung niederschlägt. Du kannst nicht alle Ideen auffangen, aber wenn du dabeibleibst, werden sie ein Teil von dir. Wenn du durch den Nebel gehst, wirst du am Ende entdecken, dass du nass geworden bist."

Ich schrieb ihre Worte trotzdem auf. Schließlich bin ich eine freigeistige Rebellin mit einem Stift in der Hand.

Aber was sie sagte, hatte etwas für sich, und ihre Botschaft ist tatsächlich bei mir hängen geblieben.

Wenn ich die Bibel studiere, kann es passieren, dass ich fast zwanghaft alle Kommentare lesen, alle Kurse besuchen, alle Regentropfen in meinem Eimer auffangen will. Das ist ein nobles Unterfangen und ein hehres Ziel und viele Menschen verbringen tatsächlich ihr Leben mit diesem Bemühen. Aber es ließe sich auch viel über die Schönheit der Methode sagen, wie die Jünger lernten: Sie waren mit Jesus unterwegs, redeten mit ihm und hörten ihm zu. So wurde er ein Teil von ihnen; sein Geist durchtränkte den ihren.

Wenn wir diese Kapitel jetzt gemeinsam abschließen, solltest du eines wissen: Dieses Buch ist in keiner Weise als Ersatz für das Eigentliche gedacht. Es ist lediglich ein Begleiter für dich, es bietet Geschichten und Einsichten darüber, wie Gott mir immer wieder begegnet ist, wenn ich seine Worte gelesen, studiert, gelernt, auswendig gelernt und über sie nachgedacht habe. Betrachte dieses Buch einfach als ein Licht auf dem Gang im Kino oder im Flugzeug, ein Lämpchen, das strategisch so platziert ist, dass es dir den sicheren Weg weist.

Ich habe die Bibel nicht schon mein ganzes Leben lang geliebt, aber ich habe sie immer respektiert. Meine Hingabe ist das Ergebnis einer zehnjährigen Reise, auf der ich erkannte, dass ich sowohl Weisheit als auch Hilfe brauchte, um die Herausforderungen zu meistern, die mit hoher Geschwindigkeit unaufhaltsam auf mich zukamen. Und während ich meinem Weg im dichten Nebel folgte, bin ich nass geworden.

Ich hoffe, dass es dir ähnlich geht. Dass dein „Hunger" immer größer wird, diesen Jesus kennenzulernen, der Mensch wurde und in unsere Gegend zog. Der uns einlädt, ihn kennenzulernen, mit ihm durchs Leben zu gehen und ihm immer ähnlicher zu werden.

Dieses Buch ist für dich gedacht. Ein Buch zum Verlieben.

Achtet sorgfältig auf das, was ich euch sage!
In dem Maß, wie ihr auf meine Worte hört,
wird euch Gott Verständnis schenken,
ja noch weit darüber hinaus.

Markus 4,24 (Hfa)

15 Dinge, die du wissen solltest, wenn du dich mit der Bibel beschäftigen willst

1. Mach die Bibel zu *deinem* Buch. Schreib sie voll, wenn das eben deine Art ist. (Ich mach das auf jeden Fall.) Eine ungeöffnete Bibel hilft niemandem, und wie wir bereits festgestellt haben: Dieses Buch ist für dich. Also nimm deine Stifte und mach es zu deinem Buch.
2. Schäme dich nie, das Inhaltsverzeichnis aufzuschlagen. Auch wenn es so aussieht, als wüssten alle um dich herum genau, was sie wo finden – ich kann dir versprechen, dass es auch andere gibt, die im Stillen versuchen, das Alte Testament vom Neuen zu unterscheiden, links von rechts, die Evangelien von den Briefen. Tu dir einen Gefallen und freunde dich mit dem Inhaltsverzeichnis an. Wir erwarten weder von uns noch von anderen, dass sie sich in riesigen Sammelbänden ohne Inhaltsverzeichnis zurechtfinden, und das liegt daran, dass es noch niemandem geschadet hat, Seitenzahlen nachzuschlagen.
3. Die Bibel besteht aus zwei Teilen: das Alte Testament und das Neue Testament. Man könnte sie auch als die alten Verheißungen und die neuen Verheißungen bezeichnen.

4. Das Alte Testament ist der erste Teil der Bibel und erzählt die Geschichte der ursprünglichen Verheißung Gottes an sein Volk. Es enthält die Geschichte des Volkes Israel und die Botschaft der Propheten, die ankündigten, welche Konsequenzen es haben würde, wenn die Israeliten nicht nach den Wahrheiten und Erwartungen Gottes lebten. Es gab viele Regeln, und es war sehr mühsam, sie alle einzuhalten.
5. Das Neue Testament ist der zweite Teil der Bibel und erklärt, wie sich alles änderte, nachdem Jesus auf die Welt gekommen war. Jesus ersetzte die unzähligen Regeln durch eine einzige entscheidende Regel: Liebe Gott und liebe die Menschen. Jeder, der glaubt, dass Jesus der Sohn Gottes ist, dass er für uns gestorben ist, um uns unsere Schuld zu vergeben, kann ein Sohn oder eine Tochter von Gott werden.
6. Die Bibel ist nach folgendem Schema gegliedert: *Buch, Kapitel, Vers*. Wenn du 1. Mose 1,1 nachschlagen willst, schlag das Buch 1. Mose auf, blättere zum ersten Kapitel, und lies den ersten Vers. Wenn du Johannes 3,16 nachschlagen willst, schlag das Johannesevangelium auf, dort das 3. Kapitel, und such dann den 16. Vers. Die Kapitel sind in der Regel mit Nummern in größerer Schrift gekennzeichnet, während die Verse meist mit kleiner Schrift im Text nummeriert sind.
7. Die Bibel besteht aus 66 Büchern und Briefen. Jedes hat einen Namen und jedem liegt auch eine bestimmte Absicht zugrunde. Sie sind nicht in der Reihenfolge angeordnet, in der sie verfasst wurden – es sei denn, du kaufst dir eine chronologische Bibel, die ich sehr zu schätzen gelernt habe. Manchmal ist es wirklich schön, eine Geschichte von

Anfang bis Ende zu lesen, und diese Perspektive kann uns neue Blickwinkel in die Geschichte eröffnen.

8. Hinten in deiner Bibel befindet sich unter Umständen eine Konkordanz oder ein Index, der dir hilft, Verse zu finden, die ein bestimmtes Wort oder Thema beinhalten. Dank der Möglichkeiten des Internets kannst du aber auch eine schnelle Suche durchführen, um Verse zu finden, die sich auf ein Thema oder eine biblische Person beziehen.
9. Es gibt viele Übersetzungen und Übertragungen der Bibel, die altmodischere oder modernere Formulierungen verwenden. Es gibt nicht die eine „beste" Übersetzung, du kannst also eine wählen, die dir zusagt. (Aber vermeide vielleicht lieber Bibeln, die sich an spezielle Zielgruppen wie „Katzenliebhaber" oder „Fußballspieler" und so weiter richten. Ich habe nichts gegen Katzenliebhaber oder Fußballspieler, aber das Wort Gottes ist für alle Menschen gedacht.)
10. Beginne mit einem Gebet, bevor du deine Bibel aufschließt. Bitte Gott, dir die Augen zu öffnen, dir Einsichten zu schenken und dir zu zeigen, was er dir sagen will. Du darfst dich darauf verlassen, dass er genau das auch tun wird, denn er wünscht sich, dass wir ihn kennenlernen.
11. Entscheide dich für ein Buch, mit dem du dich näher beschäftigen willst. Wenn du die Bibel zum ersten Mal aufschlägst, könntest du mit dem Johannesevangelium oder dem Jakobusbrief beginnen. Lies im Laufe mehrerer Tage das gesamte Buch durch und denke darüber nach. Erfahrungsgemäß werden dir bestimmte Themen und Gedanken ins Auge springen. Timothy Keller beschreibt Meditation als „Denken in der Gegenwart Gottes"[1]. Denke intensiv

über das Gelesene nach, indem du es aufschreibst. Das gibt Gott Gelegenheit, persönlich zu dir zu sprechen.

12. Geh langsam und konzentriert Vers für Vers vor, indem du den Text Wort für Wort aufschlüsselst. Wenn du möchtest, kannst du Wörterbücher, Kommentare und Studienbibeln benutzen, um ein besseres Verständnis zu bekommen (achte aber darauf, dass andere Quellen nicht zu einem Ersatz für das Eigentliche werden). Gottes Wort ist lebendig, deshalb kannst du denselben Abschnitt mehrmals studieren und jedes Mal eine weitere Bedeutungsebene oder etwas Neues entdecken.
13. Lies in deinem eigenen Tempo. Wenn du ein Buch der Bibel beendet hast, dann nimm dir ein anderes vor. Nimm dir so viel Zeit, wie du möchtest, um dich mit den längeren Büchern der Bibel zu beschäftigen. Fühl dich nicht gedrängt, dem Zeitplan von irgendjemand anderem zu folgen. Dieses Buch ist für dich gedacht, und die Zeit, die du auf seinen Seiten verbringst, ist für dich und für Gott gedacht. Schlag einfach die Bibel auf, und verbringe so viel Zeit damit, wie du willst und brauchst.
14. Lies Gottes Wort nicht nur um des Lesens willen. Setz es in die Praxis um. Wenn Gott dich durch konkrete Handlungsanweisungen, auf die du irgendwo stößt, anspricht, dann halte nach Gelegenheiten Ausschau, das Gelesene umzusetzen. Lies das Wort Gottes nicht nur – tu es.
15. Bleib dran. Du wirst nie alles verstanden haben, was es zu verstehen gibt – du wirst geistlich immer weiter wachsen und lernen, wenn du Zeit mit der Bibel und mit Gott verbringst.

Danksagung

Emily Nagoski und Amelia Nagoski schrieben, dass „eine zu mühelose Anstrengung eine deutliche Kehrseite hat: Wenn sich eine Aufgabe leicht anfühlt, sind wir zuversichtlicher in Bezug auf unsere Fähigkeit, diese Aufgabe zu bewältigen, auch wenn die Wahrscheinlichkeit größer ist, dass wir *eher scheitern*“.[1] Tatsächlich sind Anfänger, die noch *völlig ahnungslos* sind, *sehr zuversichtlich* in Bezug auf ihre Fähigkeit, eine Sache zu tun, die sie gerade erst erlernt haben. Im Gegensatz dazu wissen Experten, wie schwierig ihre Aufgabe ist, sodass sie ihre Fähigkeiten tendenziell eher als *mäßig* einstufen. Grundsätzlich gilt: Je größer die Aufgabe, je tiefer man eintaucht und je schwieriger sie sich anfühlt, desto mehr wird einem bewusst, wie viel man noch nicht weiß.

Ich habe gelernt, dass diese Sichtweise besonders dann hilfreich ist, wenn man ein Buch über die Bibel schreibt. Trau dir nicht zu viel zu, wenn du über ein Thema schreibst, mit dem sich Theologen, Wissenschaftler und Akademiker ihr ganzes Leben lang beschäftigen – ein Thema mit unzähligen, endlosen Feinheiten. Ich sage nicht, dass du es nicht tun sollst; ich sage nur, glaub nicht, dass es einfach sein wird oder dass du dich in irgendeiner Weise als Expertin fühlen wirst.

Das hier war das herausforderndste Buch, das ich je geschrieben habe. Je intensiver ich mich damit befasste, ein Buch über die Bibel zu schreiben, desto klarer wurde mir, wie wenig ich weiß. Je mehr ich studiere, desto deutlicher wird mir, dass ich erst am Anfang stehe. Ich weiß nicht alles, was es über die Bibel zu wissen gibt – ich weiß nur, wie ich eine Liebe zu ihr entwickeln kann. Und selbst da kam es mir streckenweise so vor, als hätte ich die Grenzen des Möglichen fast erreicht.

Zu einem Zeitpunkt – kurz vor der Fertigstellung – kam es sogar vor, dass mein Manuskript unwiderruflich verloren ging, und zwar durch Umstände, die nur als „göttliche Fügung" erklärt werden können. Wenn selbst Microsoft-Experten und Apple-Servicemitarbeiter nicht erklären können, was passiert ist, muss man einfach davon ausgehen, dass eine übernatürliche Instanz ein Projekt abgefangen hat, das eben nicht in die Welt hinausgelangen *sollte*. Ich erlaubte mir einen Wutanfall und ging dann wieder an die Arbeit. Gottes Nein ist genauso bedeutsam wie sein Ja, und ich wollte nichts mit einem Buch zu tun haben, das er nicht geschrieben haben wollte. Also begann ich von Neuem. Ich denke, ich habe dieses Buch dreimal umgeschrieben, bis ich das zu Papier gebracht hatte, was du jetzt in den Händen hältst.

Diese Art des Schreibens und Überarbeitens hat mich dazu veranlasst, die inhaltliche Ausrichtung grundlegend infrage zu stellen. Meine Schreibwerkstatt ist mit Post-it-Zetteln von Menschen bedeckt, deren Namen auf Plakatwänden im ganzen Land stehen sollten.

Ich danke Greg Johnson, meinem Agenten und Freund, der als Erster sagte: „Ich finde, du solltest ein Buch darüber schreiben, wie man sich in die Bibel verliebt. Das ist etwas, was die Welt wirklich braucht, und du bist die richtige Autorin dafür.“ Greg, du bist für immer mein Champion, der mich anspornt, die nächste große Sache anzugehen.

Ich danke Lynne Rumsey, dem Mathegenie in meinem Leben, die selbst die Absurdität meiner Gesetzlichkeit in eine algebraische Gleichung verwandeln konnte, um zu zeigen, wie unmöglich es ist, ein Leben zu führen, das Gottes Treue und sein Wohlwollen garantiert. Du bist der großzügigste Mensch, den ich kenne, ein leibhaftiger Algorithmus aus Freundschaft, Gnade und Loyalität.

Ich danke meiner Mom und meinem Dad, die fast unmerklich die Seiten gewechselt haben. Nachdem sie mir jahrzehntelang beigebracht haben, das Lernen zu lieben, sitzen sie jetzt zusammen und lesen sich meine Worte vor und lassen sich von mir zeigen, was ich zu lieben gelernt habe.

Ich danke Caitlyn Carlson, dass sie meinen „nassen Sand“ in ein wunderschönes Schloss verwandelt hat. Ich danke Elizabeth Schroll dafür, dass sie meine Worte durchkämmt hat, um alle Verhedderungen auszubürsten. Ich danke euch beiden, dass ihr mir während der Wehen dieser langen Geburt die Hand gehalten habt.

Ich danke meinem Mann Peter, der mit Küsschen auf die Stirn, zahllosen Tassen Kaffee und endlosen Gesprächen über die Ideen, Geschichten, Metaphern und Theologien, über die ich nachdenke, dafür sorgt, dass ich am Ball bleibe. Erst vergangene Woche schlug Peter vor: „Da du mit diesem Buch fast fertig bist, darf ich dir vorschlagen, dass du das Thema deines nächsten Buches ein bisschen enger fasst? Was hältst du von dem Titel: ‚Eis am Stiel – leicht gemacht‘?“

Ich danke euch, den Leserinnen und Lesern, die ihr meine Worte in eurem Korb sammelt und sie dann auf eurem Weg verstreut, damit andere sie auch finden. Danke, dass ihr mich auf diesen Seiten begleitet habt, dass ihr es mir ermöglicht, laut zu lernen, und mir erlaubt, neue Wörter zu erfinden, wenn andere nicht mehr ausreichen. Schriftsteller brauchen Leser; Gott hat mir euch geschenkt.

Wir haben über die Bibel gesprochen und darüber, dass *dieses Buch für euch ist.*

Und was auch noch wichtig ist: Diese kleine Kreation hier ist es auch.

Anmerkungen

Widmung

1 Auf die Weisheit dieser Worte hat mich zuerst Andy Stanley hingewiesen, und ich habe sie dann Abend für Abend für meine Söhne gebetet, und das schon zu einer Zeit, als sie ihre Bedeutung noch nicht verstehen konnten. Mehr über Stanleys Aussage zum Thema „Weisheit" findest du in: *The Best Question Ever: A Revolutionary Approach to Decision Making.* Sisters, OR: Multnomah Books, 2004.

Einführung: Dieses Buch ist für Dich

1 Um John Lewis zu zitieren: „Hab niemals Angst davor, Wellen zu machen und dich in Schwierigkeiten zu bringen, wenn du denkst, dass das nötig ist." Tweet vom Juni 2018.

2 Apostelgeschichte 17,27

3 Martha Beck, *Leaving the Saints: How I Lost the Mormons and Found My Faith.* New York: Three Rivers Press, 2005, Widmung.

Kapitel 1: Lass uns ganz am Anfang beginnen

1 Apostelgeschichte 17,28 (Hfa)

2 Psalm 90,4

3 „Who Wrote the Book of Genesis?". *Zondervan Academic Blog,* 31. August 2018, https://zondervanacademic.com/blog/who-wrote-genesis.

4 Ark Encounter, „Was Noah's Ark Found on Mount Ararat?", https://arkencounter.com/noahs-ark/found/.

5 Got Questions, „Is the Book of Job a True Story or a Parable/Allegory?“, http://www.gotquestions.org/Job-true-story.html.

6 John D. Morris, „Did Jonah Really Get Swallowed by a Whale?“. *Institute for Creation Research*, 1. Dezember 1993, https://www.icr.org/article/did-jonah-really-get-swallowed-by-whale.

7 Kenneth Boa und John Alan Turner, *The 52 Greatest Stories of the Bible*. Grand Rapids, Baker Books, 2008, S. 41.

Kapitel 2: Vielleicht fängst du lieber nicht ganz am Anfang an

1 Mark L. Ward Jr., „How to Choose a Bible Translation That's Right for You“. In: *Bible Study Magazine*, September/Oktober 2019, http://www.biblestudymagazine.com/septoct-2019- article-3.

2 Teresa Swanstrom Anderson, *Saying Yes in the Darkness: 7 Weeks in the Book of Psalms*. Colorado Springs: NavPress, 2020, S. 5.

Kapitel 3: Moderne Psalmdichter

1 Johannes 6,68

2 Martin Luther, *Vorrede auf den Psalter*, zitiert nach: https://www.glaubensstimme.de/doku.php?id=autoren:l:luther:v:luther-vorrede_zum_psalter. 4. Absatz.

3 Psalm 5,2–3

4 Psalm 6,3–4

5 Psalm 6,7–8

6 Psalm 10,12.14

7 Psalm 18,5–7

8 Psalm 55,24

9 Psalm 71,14

10 Psalm 55,7–9

11 Psalm 13,2–3

12 Psalm 143,8

13 Psalm 34,19

14 Psalm 13,6

15 Psalm 27,7–8

Kapitel 4: Wie kann das „Zukunft und Hoffnung“ sein?

1 Maleachi 2,16
2 Andy Stanley, *Einfach unwiderstehlich.* Asslar: Gerth Medien, 2020, S. 95.
3 2. Mose 23,19. Mehr darüber, warum manche Juden Milch und Fleisch getrennt lagern und essen, findest du hier: https://www.gotquestions.org/Jews-kosher-dairy-meat.html.
4 2. Mose 31,14
5 3. Mose 19,19
6 Teresa Swanstrom Anderson, *Saying Yes in the Darkness,* a. a. O., S. 11.
7 Johannes 16,33
8 Andy Stanley, *Einfach unwiderstehlich,* a. a. O., S. 164.
9 Johannes 13,34
10 Galater 5,6
11 Trent Hunter und Stephen Wellum, *Christ from Beginning to End: How the Full Story of Scripture Reveals the Full Glory of Christ.* Grand Rapids, MI: Zondervan, 2018, S. 45–46.

Kapitel 5: Nach dem Erdbeben

1 Micha 6,8
2 Hiob 9,33; freie Formulierung der Autorin
3 1. Timotheus 2,5
4 Hiob 14,14; freie Formulierung der Autorin
5 Johannes 11,25
6 Hiob 16,21; freie Formulierung der Autorin
7 Hebräer 9,24
8 Hiob 19,7; freie Formulierung der Autorin
9 Hiob 19,25; freie Formulierung der Autorin
10 Hebräer 7,24–25

Kapitel 6: Als ich es noch nicht besser wusste

1 3. Mose 19,14
2 3. Mose 19,30
3 3. Mose 19,32
4 3. Mose 19,19
5 3. Mose 19,27

6 Galater 3,19
7 Apostelgeschichte 2,22–23; freie Formulierung der Autorin
8 Apostelgeschichte 3,17
9 Sprüche 14,12
10 1. Korinther 13,12
11 Apostelgeschichte 3,19
12 Philipper 2,3
13 1. Korinther 16,14
14 Philipper 2,3
15 Hebräer 13,1
16 Galater 5,13; s. auch Philipper 2,3 und 1. Petrus 4,9; 5,5
17 Markus 9,50
18 Römer 15,7
19 Kolosser 3,13
20 Hebräer 10,24
21 Anne Lamott, *Bird by Bird: Some Instructions on Writing and Life*. New York: Anchor Books, 2019, S. 146.
22 Johannes 8,1–11
23 Johannes 8,7; freie Formulierung der Autorin
24 Johannes 8,10–11

Kapitel 7: Stell dir mal diese Tischgesellschaften vor

1 Johannes 2,3–5
2 Johannes 2,6
3 Lukas 7,37
4 *NLT Chronological Life Application Study Bible*. Carol Stream, IL: Tyndale, 2012, S. 1340 (Kommentar zu Lukas 7,38).
5 Matthäus 14,1–12
6 *NLT Chronological Life Application Study Bible*, a. a. O., S. 1289 (Kommentar zu Markus 1,4).
7 Lukas 22,54–62; s. auch Matthäus 26,69–75; Markus 14,66–72 und Johannes 18,17.25–27
8 Johannes 21,7
9 Johannes 18,4–6
10 4. Mose 12,3
11 Johannes 13,23
12 Johannes 20,4
13 Johannes 20,15

14 Phileena Heuertz, *Mindful Silence: The Heart of Christian Contemplation*. Downers Grove, IL: IVP Books, 2018, S. 50. Deutsch unter dem Titel: *In der Tiefe der Stille*. München: Herder, 2020.

Kapitel 8: Auch wenn er kein Wunder vollbringt

1 Matthäus 17,20
2 Matthäus 9,19–22
3 Eugene H. Peterson, *A Long Obedience in the Same Direction: Discipleship in an Instant Society*. Downers Grove, IL: IVP Books, 2019. Deutscher Titel: *Die Seele geht zu Fuß*. Gießen: Brunnen, 2006.
4 Matthäus 20,1–16
5 Johannes 11,3 (Hfa)
6 Johannes 12,3
7 Johannes 11,4
8 Psalm 91,9–10
9 Johannes 11,5–6
10 Johannes 11,21–22
11 Johannes 11,32
12 Johannes 11,33
13 Stevie Swift in einem Beitrag auf Facebook vom 25. Januar 2021, https://www.facebook.com/photo.php?fbid=2426677674361888&set=p.2426677674361888&type=3.
14 An seiner höchsten Stelle ist das Weiße Haus ca. 22 Meter hoch (https://www.whitehousehistory.org/press-room-old/white-house-dimensions). Nach Aussage von Daniel 3,1 war die Statue von Nebukadnezar 60 Ellen hoch, was etwa 30 Metern entspricht.
15 Daniel 3,15
16 Daniel 3,16–18 (Hfa)
17 vgl. Josua 24,14–15
18 Philipper 4,6
19 Psalm 51,14
20 Markus 9,24
21 Timothy Keller: *Beten*. Gießen: Brunnen, 2021, S. 152.

Kapitel 9: In schwierigen und in stressigen Zeiten

1 Catherine McNiel, *Long Days of Small Things: Motherhood as a Spiritual Discipline*. Colorado Springs: NavPress, 2017.
2 Bekah DiFelice sagte dies in einem privaten Gespräch zu mir. Ich verwende die Aussage hier mit ihrer Zustimmung. Weitere kluge Worte findest du in ihrem Buch *Almost There: Searching for Home in a Life on the Move*. Colorado Springs: NavPress, 2017.
3 McNiel, a. a. O., *Long Days*, S. 7.
4 Ich habe sie das auf der Bühne einer *Living Proof*-Veranstaltung sagen hören.
5 Anne Lamott, *Bird by Bird*, a. a. O., S. 125–126.

Kapitel 10: Angst & Sorgen

1 Max Lucado, *Leichter durchs Leben*. Asslar: Gerth Medien, 2009, S. 65.
2 nach Psalm 46,11
3 nach Psalm 18,3; 34,18; Josua 1,9; Matthäus 1,23; 28,20
4 nach Philipper 2,9–11
5 nach 2. Korinther 10,5
6 2. Mose 16,15–16
7 2. Mose 16,4
8 2. Mose 16,17–18
9 nach Psalm 40,14
10 nach Psalm 23,3
11 nach Psalm 41,4
12 nach Psalm 119,35; Hiob 28,20.23
13 nach Psalm 27,7
14 nach Habakuk 3,2
15 nach Psalm 75,2
16 nach Psalm 118,21
17 nach Psalm 79,13
18 nach Psalm 138,1
19 nach Offenbarung 11,17

Kapitel 11: Anbetung

1 Wobei man sagen muss, dass wir nicht mit Sicherheit wissen, ob es wirklich ein Apfel war; siehe https://answersingenesis.org/adam-and-eve/was-the-forbidden-fruit-an-apple/.
2 2. Mose 15,20–21
3 Josua 6,20
4 1. Samuel 16,23; 1. Chronik 15,16
5 Siehe die Psalmen Davids, die einen großen Teil der Psalmen ausmachen.
6 1. Samuel 16
7 Markus 14,26; Apostelgeschichte 16,25

Kapitel 12: Wir-Arbeit

1 Meine Nacherzählung dieser Begebenheit zitiert aus Markus 6,37–38 und Johannes 6,5. Vgl. auch Matthäus 14 und Lukas 9.
2 *NLT Chronological Life Application Study Bible*, a. a. O., S. 1363.
3 Falls du dich über die Unterschiede zwischen diesem und einem weiteren Bericht über die Salbung von Jesus wunderst, der an anderer Stelle bereits von mir erwähnt wurde: https://answersingenesis.org/contradictions-in-the-bible/how-many-times-was-jesus-anointed/.
4 Matthäus 26,12
5 1. Samuel 17,32–37
6 Lukas 1,38

Kapitel 13: Treibsand

1 Ein evangelistisches Buch ohne Worte, anhand dessen man Kindern den Glauben erklären kann. Es wird vermutet, dass es auf Charles H. Spurgeon zurückgeht.
2 Lukas 23,43
3 Jesaja 55,11 (Hfa)
4 2. Chronik 6,32–33
5 2. Mose 12,31–48 (Menge-Bibel)
6 Römer 10,20, vgl. Jesaja 65,1
7 Römer 9,25–26, vgl. Hosea 2,23
8 Apostelgeschichte 9,1–31
9 Johannes 4,1–42
10 Johannes 3,1–21

11 Johannes 19,39
12 Johannes 19,38–42
13 Timothy Keller: *Beten*, a. a. O., S. 55–56.

15 Dinge, die du wissen solltest, wenn du dich mit der Bibel beschäftigen willst

1 Timothy Keller, *Prayer: Experiencing Awe and Intimacy with God*. New York: Penguin Books, 2014, S. 93.

Danksagung

1 Emily Nagoski und Amelia Nagoski, *Burnout: The Secret to Unlocking the Stress Cycle*. New York: Ballantine Books, 2020, S. 35.

Originally published in English in the U. S. A. under the title:
This Book Is for You, by Tricia Lott Williford

1. Auflage 2023
Bestell-Nr. 817892
ISBN 978-3-95734-892-0

Umschlaggestaltung: Benita Penner
Umschlagfoto: Shutterstock/agsandrew
Redaktion: Nicole Schol
Satz: Greiner & Reichel, Köln
Druck und Verarbeitung: GGP Media GmbH, Pößneck
Printed in Germany

www.gerth.de